FurkArt ephemera
1984-1996

Conçu par **Thomas Rodriguez**, *Furkart ephemera* réunit des documents de communication: cartes postales, communiqués de presse, programmes publiés par Marc Hostettler, galeriste, éditeur à Neuchâtel et initiateur du projet artistique Furkart. La préface rédigée par **Patricia Nussbaum**, historienne de l'art et complice de cette aventure, rend palpable cette expérience et toute sa dimension humaine. La postface de **Paulo Pires do Vale**, philosophe et commissaire d'exposition, met en perspective les notions d'archives et de pratiques éphémères dans l'histoire de l'art des XXe et XXIe siècles, en lien avec le contenu de cet ouvrage.

Furkart ephemera vereint das gesamte vom Galeristen und Verleger aus Neuchâtel sowie Initiator der Furkart Marc Hostettler veröffentlichte Kommunikationsmaterial: Postkarten, Pressemitteilungen und Programmhefte. Die Publikation wurde von **Thomas Rodriguez** konzipiert und redaktionell erarbeitet. Das Vorwort der Kunsthistorikerin – und Komplizin dieses Unterfangens – **Patricia Nussbaum**, gibt die Bedeutung dieser Erfahrung wieder und lässt ihre menschliche Dimension erkennen. Im Nachwort erörtert der Philosoph und Ausstellungskurator **Paulo Pires do Vale** die Begriffe von Archiv und ephemeren Praktiken im Kontext der Kunstgeschichte des 20. und 21. Jahrhunderts, die in enger Beziehung zum Inhalt des vorliegenden Buches stehen.

Originated and edited by **Thomas Rodriguez**, *Furkart ephemera* brings together the communications material – postcards, press releases, programmes – issued by the Neuchâtel gallerist and publisher Marc Hostettler, initiator of the Furkart project. The preface by **Patricia Nussbaum**, art historian and a Furkart partner, brings the experiment to life in all its humanity, while the postface by philosopher and exhibition curator **Paulo Pires do Vale** puts into context the concepts of the archive and ephemeral art as practised in the 20th and 21st centuries, and their relevance to this book's content.

A Furka Publication
46°34'22''N 8°24'54''E 2 429 mMSL
Winter 2018 / 2019

Préface

L'aventure de la Furkart
Das Abenteuer der Furkart
The Great Furkart Adventure

Patricia Nussbaum

L'aventure de la Furkart

Le col de la Furka n'est pas un site des plus avenants, ni des plus connus d'ailleurs. Avec ses 2 431 mètres d'altitude ce passage alpin, l'un des plus élevés de Suisse, aux confins des régions habitables, se présente comme une imposante masse de roches granitiques, à la végétation rare et au climat extrême, souvent fouettée par les vents. Voie de transit est-ouest supplantée en importance par la route du Gothard à proximité, il n'est libre d'accès que durant une brève saison estivale et hiberne, enseveli sous la neige, neuf mois sur douze. On n'y croise guère que des automobilistes en route vers le glacier du Rhône ou ambitieux de « faire » en un dimanche au moins trois cols, quelques rares pédaleurs acharnés, des motards et des randonneurs.

C'est pourtant un lieu chargé d'histoire. Depuis des siècles en effet, le col a vu défiler les explorateurs, les peintres et de nombreux voyageurs (le Grand Tour menant à Rome faisait partie du bagage culturel des touristes anglais). D'illustres personnages, comme Goethe ou plus tard la reine Victoria, sont passés par là. De cette ancienne fréquentation témoigne encore l'un des deux hôtels bâtis au sommet du col (l'autre a disparu depuis des décennies). L'hôtel Furkablick, quoique longtemps laissé à l'abandon et n'affichant pas la somptuosité de sites plus populaires, semble malgré tout avoir imperturbablement tenu tête au temps, à la neige, au froid.

Et c'est précisément sur cet endroit insolite que Marc Hostettler, le galeriste des Éditions Média à Neuchâtel, habitué à travailler en spécialiste de la sérigraphie avec des artistes contemporains internationaux de tendance géométrique ou d'art conceptuel, a jeté son dévolu. Saisissant l'opportunité d'investir l'hôtel – un ensemble composé d'un bâtiment à pignon érigé en 1893, flanqué d'une grosse annexe cubique de dix ans postérieure, relique architecturale d'une ère plus prospère, et accompagné d'une modeste dépendance –, il a entrepris de lui donner un nouveau souffle et d'en faire un centre d'art. Qui, de Marc, l'éditeur, ou de l'artiste James Lee Byars, a bien pu découvrir un tel lieu? Toujours est-il qu'à l'été 1983 l'Américain Byars – dont on connaît la fascination pour les Alpes et qui s'était depuis quelques années déjà pris à rêver d'un « grand mountain museum » – venait une nouvelle fois en Suisse exposer à la galerie Éditions Média et présenter sur le col, devant une nombreuse assistance, une première performance où il déposait symboliquement, comme en guise de baptême, *A Drop of Black Perfume*.

L'aventure de la Furkart pouvait commencer. Elle devait se poursuivre, toujours à un haut niveau, pendant plus d'une dizaine d'années. La saison 1984 de la Furkart, avec sa programmation prestigieuse, ressemblait à la succession de salves d'un feu d'artifice. En juin, le jour même de l'ouverture officielle du col, était annoncée une rencontre entre Byars et Joseph Beuys. On ne sait pas avec certitude si une telle rencontre, qui devait se tenir à distance du public, a réellement eu lieu (l'avis des journalistes ayant rapporté l'événement diverge sur ce point), si elle a été contrariée par une averse soudaine, ou s'il s'est agi d'une pure fiction mise en scène par Byars. Néanmoins, si en effet personne parmi les quelques spectateurs présents n'a pu voir Beuys, on n'en trouvait pas moins dans l'hôtel son chapeau, sa veste et ses bottes! Le lendemain, le couple japonais Matsuzawa réalisait une nouvelle performance. Le Belge Panamarenko, quant à lui, est venu à deux reprises, disposant de la « Dépendance » pour travailler en toute tranquillité à la construction d'un plus poétique qu'utile « Sac à dos volant ». En septembre, pour leur performance *Nightsea Crossing*, Marina Abramović et Ulay demeurèrent immobiles face à face sept longues heures dans l'étonnante grande salle de l'hôtel, vidée pour l'occasion de son mobilier, pendant que le soir et le gros temps progressant au-dehors obligeaient les participants à rester sur place pour la nuit. Puis le silence est revenu, la saison suivante ayant été consacrée pour l'essentiel à une réflexion entre artistes et autres initiés, sur le potentiel du lieu et son aptitude à devenir un « laboratoire culturel ». Mais dès 1986, l'aventure reprenait de plus belle avec, plus officiellement, l'annonce de grands noms au programme. En contemplant plus tard les magnifiques cartes postales que Marc commandait régulièrement à ses amis photographes et artistes pour documenter les activités de la Furkart et dont il faisait au fur et à mesure des éditions, on a pu regretter de ne pas avoir assisté en personne à tous les événements.

Car à moins d'être un aficionado, un assistant de Marc ou un assidu de la montagne, on ne se rendait pas systématiquement là-haut, bien sûr. On faisait le chemin pour assister à une manifestation donnée ou simplement se rendre compte de l'évolution du projet. Et chaque fois que les volets s'ouvraient à nouveau, quand la route était redevenue libre et que les touristes recommençaient à se hasarder par là, quand les alpinistes en chaussettes rouges, les motards et les cyclistes refaisaient leur apparition et que l'on rencontrait même des amateurs d'art, souvent venus de loin pour voir ce qu'il en était de ce nouveau centre situé au milieu de nulle part, on retrouvait avec délice, à l'intérieur de l'hôtel, cette invraisemblable ancienne salle à manger datant de la Belle Époque, comme restée figée en l'état avec ses parquets lustrés, ses boiseries, ses tentures et ses rideaux rouges au drapé voluptueux, dorénavant aménagée en salon de lecture (on pouvait y consulter des livres et catalogues sur les artistes participants) ou parfois réservée à des installations temporaires. On pouvait aussi, après avoir contourné des trophées de chasse empaillés et de vieux guéridons, passer la nuit dans l'une des chambres désuètes où il fallait grimper pour accéder à des lits très hauts comme autrefois, avec des édredons comme des montagnes. Les clés des chambres portant l'inscription *Covered by Clouds*, si l'on y prêtait attention, étaient elles-mêmes une proposition de Lawrence Weiner.

Tout était devenu art. Guillaume Bijl avait arrangé dans l'entrée un assemblage hétéroclite de divers objets hors d'usage trouvés sur place (plus tard, Michel Ritter reprit au même endroit un assemblage similaire). Ailleurs, d'anciennes vitrines, des tables ou des chambres qui avaient servi aux artistes pour leur travail. Les sets de table du restaurant, imprimés de *Truisms*, étaient dus à Jenny Holzer. À l'extérieur, en explorant les environs – si le temps le permettait –, on était susceptible de trouver en s'aventurant parmi les roches la signature de « Hodler » gravée dans un bloc erratique, proposée par Ian Hamilton Finlay, des plaques d'acier courbées de Royden Rabinowitch à même le sol, ou de tomber par hasard sur des sacs poubelle qui en fait n'en étaient pas (puisque installés là par Alix Lambert) comme sur d'autres traces discrètes d'interventions passées. Sur un fronton de la Dépendance, restaient des flèches documentant le changement de direction des vents relevé toutes les demi-heures par Richard Long au cours d'une de ses longues marches. Une stèle de briques maçonnée de Per Kirkeby avait, contre toute attente, survécu à plusieurs hivers.

Le concept de Marc Hostettler était très particulier et novateur : il invitait des artistes de renom dont il connaissait bien l'œuvre, généralement plus habitués à travailler et exposer dans un contexte urbain mais qu'il choisissait en fonction de leur aptitude supposée à se confronter au lieu, loin du cadre protégé d'une galerie. Il ne s'agissait pas en l'occurrence, pour celles ou ceux qui étaient sollicités, d'installer ici une quelconque œuvre existante, qui serait remportée après un certain temps d'exposition, mais de se livrer à une réflexion sur le lieu même, en tenant compte de ses spécificités – climat, topographie, histoire, contraintes –, et de proposer un travail destiné à rester sur place, livré à une dégradation probable, mais ne détériorant en rien l'environnement et ne heurtant surtout pas – se contentant de les intriguer légèrement, peut-être – les rares touristes étrangers au monde de l'art qui fréquentaient le col. Certains des artistes ainsi sollicités ont fait leur proposition à distance après avoir pris connaissance de ces conditions, et les coadjuteurs touche-à-tout de Marc, aux multiples talents (jusqu'en 1994 Aufdi Aufdermauer, vidéaste, et Karin Wegmüller, historienne de l'art, qui assuraient également avec bravoure le service du restaurant), se chargeaient alors de sa matérialisation. D'autres, en revanche, intrigués par cette nouvelle donne, sont venus s'imprégner de l'ambiance pour travailler sur place, soit à l'hôtel, soit dans la Dépendance, soit à l'extérieur. Loin d'imposer à celles et ceux qui se prêtaient au jeu un endroit spécifique pour d'éventuelles réalisations ni aucun mode d'action, Marc n'en savait pas moins diriger le navire avec habileté et la plus grande discrétion, tout en demeurant curieux de ce que ce « laboratoire culturel » pourrait bien produire.

Discrétion, élégance, respect du lieu et souci du détail, tels sont les maîtres mots qui caractérisent les activités de Marc Hostettler. Bien souvent, il ne subsiste du remarquable travail artistique réalisé ici que des cartes postales, des photographies ou des programmes, parmi d'autres vestiges, témoins subtils qui n'en deviennent que plus précieux au fil du temps. Il faut dire que Marc a fait aussi preuve de beaucoup de retenue dans la communication de presse : pas de proclamations fracassantes, pas de grosses annonces dans les revues spécialisées, nulle vantardise sur les artistes réputés qui intervenaient, rien que la sobriété des programmes annuels où figuraient quelques lignes d'information assez sèches sur les participants venus de tous les coins du monde. Je le sais pour avoir rédigé au long des dix années décisives, jusqu'en 1993/94, tous les textes concernant le projet, ceux qui présentaient les artistes ainsi que, plus tard, la description des œuvres encore visibles sur place.

Le premier dossier de presse de 1984 était une véritable œuvre d'art. Il avait été entièrement réalisé à la main, à quelques dizaines d'exemplaires, car la démarche de Marc était avant tout celle d'un artiste : chacun des quatre participants de cette saison-là bénéficiait de quatre pages d'une présentation soignée, reliées entre elles et composées sur différents types de papier, usant de toutes les techniques disponibles, avec des photographies, des polaroïds ou des photocopies, l'ensemble étant regroupé dans un carton gris plié portant (déjà ?) le logo FURKART sérigraphié. Nous avons passé une journée et une partie de la nuit dans la galerie de Neuchâtel à inventer des modes de présentation, choisir des matières, découper, coller, écrire au crayon sur des bandes adhésives ou taper à la machine sur des languettes. Puis le travail de presse s'est peu à peu « professionnalisé », rationalisé et digitalisé, faisant appel à un duo de graphistes (Marco Schibig et Franziska Schott) et à des photographes amis, jusqu'à devenir une affiche au format A3 dont le verso recueillait – de la façon la plus pragmatique – les informations jugées utiles sur le programme, destinées aussi bien aux journalistes qu'au public ou à d'éventuels mécènes ; car il était chaque fois nécessaire de se mettre en quête de subventions pour permettre la réalisation des nombreux projets en cours. Marc restait toujours très attentif à la formulation des textes, à chaque phrase, à chaque mot, en bannissant sévèrement toute emphase. C'est lui qui a introduit le terme de « laboratoire culturel » pour préciser que la Furkart se voulait avant tout un lieu de recherche en permanente évolution, puis celui de « sédiments » pour désigner les traces et les vestiges que le spectateur pouvait s'attendre à trouver lors de sa visite. À terme, une carte topographique est venue se rajouter aux informations, répertoriant à l'usage des visiteurs l'emplacement approximatif de « sédiments » dispersés dans la nature et situés parfois en des lieux assez éloignés, improbables ou peu accessibles. Un texte de 1994, occupant deux feuillets A4, indiquait où, à l'intérieur de l'hôtel Furkablick, des œuvres se nichaient. Les éditions de cartes postales, régulièrement actualisées, complétaient le tout. Si Marc se montrait peu loquace à l'égard des journalistes (puisque tout était dit dans la documentation qu'ils avaient reçue !), il pouvait en revanche passer des heures au téléphone avec ses conseillers et collaborateurs (tels Olivier Mosset, Christoph Gossweiler ou François Morellet).

Son attention s'est ensuite également portée sur la « rénovation douce » de son domaine. Marc a fait appel au bureau d'architectes OMA de Rem Koolhaas – qu'il avait aussi su intéresser au projet – afin de réhabiliter de façon discrète, mais non moins spectaculaire, la partie la plus ancienne du bâtiment grâce à l'aménagement d'une terrasse à l'arrière et des ouvertures mettant en valeur un paysage véritablement époustouflant, avec une porte-fenêtre à travers laquelle on voyait désormais, bien à l'abri des tempêtes, défiler les nuages changeant d'heure en heure voire d'une minute à l'autre. Si l'on centrait son regard sur la vitre, on découvrait, là encore, un travail de Paul-Armand Gette (*Le Commencement du paysage, zéro mètre*), point de départ de la contemplation. Le réaménagement comprenait des équipements pratiques, comme celui d'une cuisine toute en métal étincelant, avec un bizarre « robot ménager » sur rail censé faciliter l'accès à une nouvelle salle à manger. Les modifications de la Dépendance, où ont œuvré entre autres les peintres Olivier Mosset ou Niele Toroni, et dont Panamarenko avait fait son *Garage des Alpes* (avant d'en faire l'acquisition), ont été confiées à l'architecte belge Luc Deleu.

Tout comme les œuvres, sujettes à une lente dégradation, le projet de la Furkart tel qu'il avait été conçu, porté par un seul homme avec le soutien de son équipe de conseillers et d'assistants artistes, ne pouvait pas durer et s'est peu à peu érodé. La gestion d'un hôtel ouvert trois mois par an seulement et qui sans être rentable n'en devait pas moins répondre aux normes actuelles, devenait lourde à porter ; le réservoir d'artistes ayant la capacité de s'adapter à la situation n'était pas inépuisable non plus ; enfin, les sempiternelles et fatigantes demandes de subventions ont fini par en venir à bout.

Aujourd'hui, Marc Hostettler a tourné la page. Pour lui, le chapitre est clos. Les volets aussi se sont refermés (c'est d'ailleurs seulement ainsi que se révèlent les bandes verticales colorées de Daniel Buren). L'hôtel, à présent inscrit au patrimoine, semble être retourné en dormance. La Fondation Alfred Richterich, qui avait indirectement soutenu le projet pendant de nombreuses années, a racheté les lieux en 2004 et, en fondant un « Institut Furkablick », en a du moins sauvegardé la mémoire. Car cette aventure est demeurée exemplaire et unique en son genre : elle correspondait à la réflexion déjà ouverte par Fernand Léger en son temps – mais plus que jamais d'actualité – sur les possibles différences entre un art privé, destiné à se montrer dans le « white cube » privilégié d'une galerie, et celui répondant aux subtiles exigences qui peuvent s'imposer ou s'offrir selon le cas aux artistes dans cette hétérotopie que constitue l'espace public. L'aventure de la Furkart a connu une tardive reconnaissance de la part des historiens de l'art*, et le site est devenu un lieu de pèlerinage occasionnel pour les amateurs d'art et d'architecture ayant eu vent des réalisations passées. En survivent les vestiges, les restes, les « sédiments », tous ces *ephemera* qui suscitent l'imaginaire.

* Sur le thème de cette reconnaissance tardive :
– *Média mix, les Éditions Média de Neuchâtel, une sélection de sérigraphies, choix d'artistes ;
Royden Rabinowitch, Ethics of Stan Laurel & Oliver Hardy, sculptures et peintures.*
Musée des beaux-arts, La Chaux-de-Fonds, exposition du 23 mai au 8 août 2004.
– Jürgen Grath : *Furk'art. Spuren des Ephemeren*, Herbert Lutz Verlag, Munich 2012
(Thèse de doctorat 2011).
– *L'expérience Furkart*, Centre Pompidou, Paris, exposition du 19 février au 10 mars 2014
(en collaboration avec le CCS Centre Culturel Suisse, directeurs Jean-Paul Felley et Olivier Kaeser).
– Thomas Rodriguez, *Archives Furkablick / Furkart* : page Facebook et sur Vimeo série d'entretiens filmés avec des artistes ou autres témoins des manifestations passées, depuis 2014.

Das Abenteuer der Furkart

Der Furkapass ist weder besonders einladend noch sehr bekannt. Mit seinem Kulminationspunkt auf 2431 Metern präsentiert sich dieser Alpenübergang – einer der höchsten der Schweiz – abseits bewohnbarer Zonen als ein imposantes, granitenes Gebirgsmassiv mit spärlicher Vegetation und einem oft von starken Winden gepeitschten, rauen Klima, was ihn nur während einer kurzen Sommersaison befahrbar macht. Als Verkehrsachse West-Ost hat die Furka allmählich an Bedeutung im Vergleich zur nahen Gotthardroute verloren. Neun Monate im Jahr bleibt die Passstrasse unter einer dicken Schneedecke begraben. Und wenn sie offen ist, trifft man hier nur wenige: einzelne Automobilisten mit dem Ausflugsziel Rhonegletscher oder mit dem Ehrgeiz, mindestens drei Pässe an einem Tag zu „schaffen", sowie ehrgeizige Radler, Motorradfahrer und gelegentliche Bergwanderer.

    Der Furkapass ist aber ein geschichtsträchtiger Ort. Jahrhundertelang war er Anziehungspunkt für wissenschaftliche Forscher, für Maler und für zahlreiche Reisende (auf der „Grand Tour" nach Rom unterwegs, die zum Bildungsgut kulturell ambitionierter Engländer gehörte, stand er beispielsweise auf dem Pflichtprogramm). Berühmtheiten wie Goethe und später die Königin Victoria kamen hier vorbei. Von seiner ehemaligen Gästefrequenz zeugt noch das eine verbliebene der zwei auf der Passhöhe errichteten Hotels; das andere wurde schon vor Jahrzehnten abgerissen. Dieses Hotel Furkablick scheint, obwohl lange nicht mehr in Betrieb, standhaft den klimatischen und wirtschaftlichen Schwierigkeiten die Stirn geboten zu haben.

    Und just diesen aussergewöhnlichen Ort zu nutzen entschied sich Marc Hostettler, der als Galerist der Éditions Média in Neuchâtel und als hochspezialisierter Siebdrucker gewohnt war, mit zeitgenössischen internationalen Künstlern geometrischer oder konzeptueller Richtung zu arbeiten. Als sich die Gelegenheit bot, das Hotel zu übernehmen – ein Ensemble bestehend aus einem bescheidenen Gebäude mit Giebeldach aus dem Jahr 1893, an das zehn Jahre später zu florierenden Zeiten ein grösserer kubischer Trakt angefügt worden war, sowie einem etwas abseits gelegenen Nebengebäude – beschloss er, dem Ganzen neues Leben einzuflössen und daraus ein Zentrum der Kunst werden zu lassen. Wer von beiden mag wohl einen solchen Ort entdeckt haben und auf die Idee gekommen sein, ihn zu bespielen: War es Marc Hostettler selbst – oder der amerikanische Künstler James Lee Byars? Jedenfalls kam Byars, der bekanntlich von den Alpen begeistert, seit Jahren von einem „grand mountain museum" träumte, im Sommer 1983 zum wiederholten Male in die Schweiz, um bei den Éditions Média auszustellen. In diesem Zusammenhang präsentierte er auch auf der Passhöhe vor zahlreichem Publikum eine Performance, indem er auf dem Gestein wie zur symbolischen Taufe *A Drop of Black Perfume* fallen liess.

    Das Abenteuer der Furkart konnte beginnen. Es sollte sich weit über zehn Jahre fortsetzen, stets auf hohem Niveau. Die Sommersaison 1984 der Furkart wirkte mit ihrem beeindruckenden Programm wie das Abbrennen eines grossartigen Feuerwerks. Am Tag der offiziellen Eröffnung des Passes im Juni war im Freien eine Begegnung zwischen Byars und Joseph Beuys angekündigt. Ob das Treffen tatsächlich stattfand, während die Zuschauer in einiger Entfernung warteten, ob es wegen der schlechten Witterung verhindert wurde, oder ob es sich gar um eine fiktive Inszenierung von Byars handelte, bleibt ungewiss – die Zeitungen berichteten darüber Gegensätzliches: Denn wenn auch niemand Beuys tatsächlich zu sehen bekam, so fanden sich danach im Hotel immerhin dessen Hut, Weste und Stiefel! Schon am folgenden Tag gab es eine Performance des japanischen Paares Matsuzawa. Der Belgier Panamarenko hielt sich gleich zweimal für mehrere Wochen in dem ihm zur Verfügung gestellten Nebengebäude auf, der Dépendance, um in aller Ruhe an einem mehr poetischen denn nützlichen „Flugrucksack" zu arbeiten. Im September blieben Marina Abramović und Ulay für ihre Performance *Nightsea Crossing* ganze sieben Stunden lang im wundersamen grossen Saal des Hotels reglos sitzend einander gegenüber, während es draussen allmählich eindunkelte und sich ein Schneesturm ankündigte, der die Anwesenden zum Übernachten vor Ort nötigte. Die nächste Saison verlief stiller und ohne Einbezug der Öffentlichkeit: Sie war vor allem einem Symposium mit Künstlern und anderen geladenen

Gästen vorbehalten, bei dem über das Potential des Ortes und seiner Eignung zum „Kulturlaboratorium" nachgedacht wurde. Doch schon 1986 ging es mit dem Abenteuer wieder öffentlicher los mit hochkarätigen Namen auf den Jahresprogrammen. Und wenn man später die wunderbaren Postkarten zu sehen bekam, die Marc jeweils von befreundeten Fotografen und Künstlern zur Dokumentation der stattgefundenen Aktivitäten der Furkart machen liess, konnte man es leicht bereuen, nicht persönlich bei allen Ereignissen dabei gewesen zu sein.

Wer nicht zum engeren Kreis der absoluten Furkart-Enthusiasten gehörte oder einer der Assistenten Hostettlers war, ging vielleicht nicht regelmässig nach oben. Man nahm den langen Weg in Kauf, um an bestimmten Manifestationen teilzuhaben oder um sich einen Überblick über den Stand des Projekts und das bisher Geleistete zu verschaffen. Jedes Mal aber, wenn die Fensterläden wieder geöffnet wurden – wenn die Strasse wieder für den Verkehr freigegeben war, die Bergtouristen in roten Socken umherliefen, die Motorrad- und Radfahrer wieder auftauchten und man nun eventuell sogar von weit her angereiste Kunstliebhaber antraf, die auf dieses neue Zentrum im Abseits neugierig geworden waren – war es eine Wonne, im Innern dieses abgelegenen Hotels unter anderem den wundersamen, aus der Belle Epoque intakt erhaltenen Speisesaal neu zu entdecken, mit seinem glänzenden Parkett, seinen Holztäfelungen, Seidentapeten und theatralischen Vorhängen. Dieser Saal diente nun als Lesezimmer, wo Publikationen zu den Künstlern oder zur Geologie auflagen. Und er war gelegentlich Raum für temporäre Installationen. Man konnte ebenfalls, nachdem man diverse wie aus der Zeit gefallene Trophäen und Beistelltischchen passiert hatte, in einem der Gästezimmer mit den ungewohnt hohen Betten und ihren voluminösen Duvets übernachten. Die Zimmerschlüssel trugen die sonderbare Beschriftung *Covered by Clouds*; wer danach fragte, erfuhr, dass sie auf einem Vorschlag von Lawrence Weiner beruhten.

Alles war zur Kunst geworden. Im Windfang am Hoteleingang hatte Guillaume Bijl eine Assemblage aus diversen vorgefundenen, nicht mehr gebrauchten Gegenständen zusammengestellt (später sollte Michel Ritter an derselben Stelle eine vergleichbare neue Komposition installieren). Anderswo sah man alte Vitrinen, Tische oder Zimmer, die von den Künstlern für ihre Arbeit nutzbar gemacht worden waren. Im Restaurant gab es Tischsets bedruckt mit *Truisms* von Jenny Holzer. Draussen konnte man – falls es die Witterung zuliess – beim Auskundschaften der Umgebung die in einem der vielen erratischen Steinblöcke gehauene Unterschrift „Hodler" finden: Es war ein Vorschlag von Ian Hamilton Finlay gewesen. Von Royden Rabinowitch stammten die drei ins Gelände eingelassenen, leicht gebogenen Stahlplatten. Man konnte per Zufall auf Abfallsäcke stossen, die eigentlich gar keine waren (weil von Alix Lambert inszeniert), oder ebenso auf andere diskrete Spuren vergangener Interventionen. An einem der Giebel des Nebengebäudes gemalt, gaben Pfeile die verschiedenen Windrichtungen an, die Richard Long während eines seiner längeren *Walks* am Berg in Intervallen von je einer halben Stunde aufgezeichnet hatte. Eine Stele aus Backstein von Per Kirkeby hatte gegen jede Erwartung mehrere Winter unbeschadet überstanden.

Marc Hostettlers Konzept war innovativ und anspruchsvoll: Er lud Künstler ein, deren Werk er gut kannte. Er wählte sie gemäss der eingeschätzten Fähigkeit, sich einem ausserordentlichen Umfeld zu stellen. Für die angefragten Künstlerinnen und Künstler ging es hier nicht darum, einfach ein von ihnen im Atelier geschaffenes Werk hinzustellen, das nach der Dauer einer Ausstellung wieder abmontiert würde, sondern darum, sich mit den gegebenen Eigenheiten des Ortes auseinanderzusetzen – seinem speziellem Klima, Bedingungen, Topographie, Geschichte, Herausforderungen oder Sachzwängen – und eine Arbeit vorzuschlagen, die an Ort bleiben und möglicherweise dem allmählichen Zerfall ausgeliefert sein würde. Gleichzeitig galt es, konziliant die gelegentlichen kunstfremden Touristen, die den Pass ebenfalls nutzten, nicht zu befremden (diese höchstens leicht zu irritieren). Einzelne Künstler reagierten auf die Anfrage, indem sie ihren Vorschlag aus der Ferne unterbreiteten, und um die Realisierung in situ kümmerten sich dann die multitalentierten Gehilfen von Marc (so der Videospezialist Aufdi Aufdermauer und die Kunsthistorikerin Karin Wegmüller, die bis 1994 sogar mit Bravour den Küchenservice meisterten). Viele andere hingegen wurden auf die speziellen Bedingungen neugierig und liessen sich darauf ein, in das Ambiente einzutauchen, um für einen kürzeren oder längeren Aufenthalt an Ort zu arbeiten, nach Belieben im Hotel selbst, in der „Dépendance" oder im Freien. Auch wenn er weise davon absah, den sich den Spielregeln beugenden Künstlern einen spezifischen Ort für ihre Intervention oder Handlungsweise vorzuschreiben, wusste Marc sein Schiff geschickt und diskret in die gewünschte Richtung zu lenken. Als Begleiter blieb er dabei stets neugierig darauf, was dieses Projekt eines „Kulturlaboratorium" wohl noch alles hergab.

Grösste Diskretion, Eleganz, Respekt für den Ort und Detailliebe zeichnen die Aktivitäten Marc Hostettlers aus. Von den bemerkenswerten Arbeiten, die hier realisiert wurden, sind nebst den Relikten in der Landschaft oft nur Fotografien, Postkarten oder Jahresprogramme als subtile Zeugen übriggeblieben, die als Dokumente im Lauf der Zeit immer wertvoller werden. Es muss hier auch erwähnt werden, dass Marc bei der Kommunikation mit den Medien sehr zurückhaltend blieb: Er wünschte keine reisserisch grossspurigen Proklamationen, keine grossen Inserate in Kunstzeitschriften, keinerlei Prahlerei mit den berühmten Namen, sondern nur trocken-sachliche Angaben zu den aus allen Himmelsrichtungen hergekommenen Beteiligten. Das war auffallend – und davon kann ich aus eigener Erfahrung berichten, denn für Marc habe ich in den zehn entscheidenden Jahren, vom den Anfängen bis 1993/94, alle das Projekt betreffenden Texte formuliert, die er auf seinen Pressemittelungen haben wollte: die Künstlerpräsentationen, den aktuellen Stand und später den Beschrieb der an Ort verbliebenen Werke.

Die erste Pressemappe, aus dem Jahr 1984, war an und für sich schon ein kleines Kunstwerk. In gut einem Dutzend Exemplare wurde sie liebevoll von Hand gefertigt – Marcs Vorgehensweise war die eines Künstlers – und bestand aus jeweils vier jedem Künstler dieser Saison gewidmeten, sorgfältig gestalteten und miteinander verbundenen Seiten. Auf verschiedenen Papierqualitäten und fast alle der damals zur Verfügung stehenden Techniken nutzend, mit Fotos, Polaroids oder Fotokopien, war das Ganze zusammengefasst in einem gefalteten grauen Kartonumschlag, auf dem (so früh schon?) das Logo FURKART in Serigraphie aufgedruckt war. Wir haben in seiner Galerie in Neuchâtel gut einen Tag und fast eine Nacht damit verbracht, geeignete Formen der Präsentation zu finden, Materialien auszusuchen, auszuschneiden, zu kleben, Papierstreifen mit Bleistift zu beschriften oder auf der Schreibmaschine zu tippen. Danach hat sich die Pressearbeit allmählich professionalisiert, rationalisiert und digitalisiert. Die Frage nach dem Erscheinungsmodus führte dank einem Duo von Grafikern (Marco Schibig und Franziska Schott) und unter Verwendung von Aufnahmen befreundeter Fotografen zu einem Plakat im Format A3, auf dessen Rückseite knapp zusammengefasst alle für nötig erachteten Informationen zum Programm figurierten, die sowohl für die Journalisten als auch für das Publikum oder für die potentiellen Geldgeber von Interesse sein konnten – denn jedes Jahr mussten die zur Realisierung der Projekte erforderlichen Finanzierungsmittel mit unzähligen Gesuchen von neuem gefunden werden. Marc wachte stets aufmerksam auf jedes Wort der Textformulierung und verbannte daraus jegliche Emphase. Er war es, der den Ausdruck des „Kulturlaboratoriums" einführte, um damit zu präzisieren, dass die Furkart sich als ein Ort ständigen Experimentierens verstand und später als „Sedimente" das bezeichnete, was die Besucher von den vergangenen künstlerischen Realisierungen verbliebenen Überresten noch zu sehen bekamen. Allmählich kam zu diesen Informationen noch eine topographische Karte hinzu, die den Besuchern bei der Lokalisierung von „Sedimenten" weiterhelfen sollten, die in der Natur verstreut und sich manchmal an weit entlegenen, schwer zugänglichen oder unerwarteten Stellen befanden. Ein Faltblatt aus dem Jahr 1994 zeichnete dann auf, wo in Innern des Hotels Kunstwerke zu finden waren. Ergänzend kam ein Postkartenset hinzu, das regelmässig aktualisiert wurde. Marc zeigte sich gegenüber Presseleuten eher kurz angebunden (alles Wissenswerte stand doch in den ihnen zugestellten Unterlagen!), konnte aber stundenlang mit seinen Mitarbeitern oder Mitdenkern (wie Christoph Gossweiler, Olivier Mosset oder François Morellet) am Telefon hängen.

Später richtete sich seine Aufmerksamkeit vermehrt auf die „sanfte Renovation" seiner Liegenschaft. Marc wandte sich an Rem Koolhaas und sein Büro OMA – das er für sein Projekt gewinnen konnte –, um auf diskrete und dennoch spektakuläre Art den älteren Teil des Gebäudes zu sanieren. Eine neu errichtete Terrasse gab nun den Blick frei auf die atemberaubende Landschaft. Durch eine Fenstertür liess sich im Innern, geschützt vor der Witterung, auf Augenhöhe das rasante Vorbeiziehen der Wolken verfolgen; und, wenn man den Blick auf diese Trennscheibe fokussierte, entdeckte man, auch hier, eine künstlerische Arbeit: Paul-Armand Gettes *Le Commencement du paysage, zéro mètre* – als Ausgangspunkt der Wahrnehmung. Die Modernisierung umfasste ebenfalls praktische Aspekte, etwa eine Küche aus funkelndem Metall mit der merkwürdigen Installation eines mobilen Roboters für den Service zum neuen Speisesaal. Der Umbau der Dépendance, des Nebengebäudes, wo Künstler wie Olivier Mosset, Niele Toroni und viele andere wirkten – und aus der Panamarenko seine *Garage des Alpes* machte, ehe er diesen Bau später erwarb –, wurden dem belgischen Architekten Luc Deleu anvertraut.

Ebenso wie die Kunstwerke, die hier oben einem allmählichen Zerfallsprozess unterworfen waren, konnte auch das Projekt der Furkart wie ursprünglich konzipiert, getragen von einer einzelnen Person mit der Unterstützung einer kleinen Gruppe von Anhängern und wenigen Assistenten, nicht von Dauer sein. Das Führen eines Hotels, das alljährlich bloss drei Monate geöffnet war, aber den aktuellen Anforderungen an das Gastgewerbe zu genügen hatte, wurde zur Last; Künstlerpersönlichkeiten, die der spezifischen Situation gewachsen waren, gab es immer weniger, und nicht zuletzt führten die ermüdenden, ständig wiederkehrenden Gesuche um Subventionen zur Entscheidung, aufzuhören.

Heute ist das Ganze für Marc Hostettler eine abgeschlossene Geschichte, ein Kapitel, zu dem er sich nicht mehr äussern mag. Das Hotel hat seine Türen wieder geschlossen und die Fensterläden sind wieder zu (nur in diesem Zustand zeigen sich übrigens die von Daniel Buren bemalten Streifenbänder). Das mittlerweile unter Denkmalschutz stehende Anwesen wurde 2004 von der Stiftung Alfred Richterich erworben, welche die Projekte jahrelang unterstützt hatte und die jetzt mit der Gründung eines „Instituts Furkablick" zumindest die Erinnerung daran wachhält. Denn dieses Abenteuer bleibt einzigartig und mustergültig: Es entspricht einer Reflexion – die zu seiner Zeit schon Fernand Léger angestellt hatte, die heute aber aktueller ist denn je – über den Unterschied zwischen einer privaten Kunst, dazu bestimmt, sich im privilegierten „white cube" einer Galerie zu präsentieren, und Kunst, bei der sich die Künstler auf die Vielschichtigkeit des öffentlichen Raums mit seinen subtilen Erfordernissen einlassen. Das Abenteuer der Furkart erlebt zunehmend, nun postfactum, eine späte Anerkennung seitens der kunsthistorischen Forschung*, und der Ort wurde zum gelegentlichen Pilgerort für Interessierte an bildender Kunst und Architektur, die von den hier laborierten Experimenten Wind bekommen haben. Bei dieser Aufarbeitung sind die noch vorhandenen Relikte hilfreich, die „Sedimente" und all die im vorliegenden Buch versammelten, die Vorstellungskraft anregenden Ephemera.

* Zu dieser späten Anerkennung gehören:
– *Média mix, les Éditions Média de Neuchâtel, une sélection de sérigraphies, choix d'artistes;*
Royden Rabinowitch, *Ethics of Stan Laurel & Oliver Hardy, sculptures et peintures*,
Musée des beaux-arts, La Chaux-de-Fonds, Ausstellung vom 23. Mai bis 8. August 2004.
– Jürgen Grath, *Furk'art. Spuren des Ephemeren*, Doktorarbeit 2011, München:
Herbert Lutz Verlag, 2012.
– *L'expérience Furkart*, Centre Pompidou, Paris, Ausstellung
vom 19. Februar bis 10. März 2014 (in Zusammenarbeit mit dem CCS Centre Culturel Suisse,
Direktoren Jean-Paul Felley und Olivier Kaeser).
– Thomas Rodriguez, *Archives Furkablick / Furkart*: eine Reihe auf Facebook und Serie
von Interviews mit Künstlern und anderen Beteiligten auf Vimeo, seit 2014.

The Great Furkart Adventure

The Furka Pass is not one of the world's most alluring sites – or one of the best known, either. At an altitude of 2,431 metres this alpine passage – one of Switzerland's highest and on the outer limits of its habitable regions – offers imposing masses of granitic rock, sparse vegetation, a rigorous climate and, frequently, a driving wind. As an east-west crossing point it was supplanted by the nearby Gotthard route, being accessible only during a brief summer and remaining dormant and snowbound for nine months of the year. On the road you're lucky to see a few cars heading for the Rhône Glacier or out to "do" at least three passes on a single Sunday, plus a handful of fanatical cyclists and a few bikers and hikers.

Nonetheless this is a place rich in history. For centuries the pass attracted explorers, painters and travellers: as a point on the Grand Tour ending in Rome, for example, it was part of the baggage of the cultured English tourist. Goethe came through here and, later, Queen Victoria. Testimony to this ancient past survives in the form of the Furkablick, one of the two hotels built at the summit; the other was demolished decades ago. Long since left to its own devices and never as lavish as other more popular venues, the Furkablick seems to have imperturbably resisted time, snow and cold.

It was this out of the ordinary place that Marc Hostettler, director of the Éditions Média gallery in Neuchâtel and a screenprinting specialist used to working with international contemporary artists of geometrical and conceptual leanings, set his heart on: a gabled building dating from 1893, flanked by a bulky cube added ten years later; relics of a more prosperous age accompanied by a modest outbuilding. Seizing a providential opportunity, Hostettler took over the Furkablick and set about giving it a new lease of life as an art centre. Who – Marc Hostettler or the American artist James Lee Byars – actually discovered a place like this? Whatever, the summer of 1983 found Byars, famously fascinated by the Alps and a dream of a "grand mountain museum", back in Switzerland for an exhibition at Éditions Média; and one day at the Furka Pass there was quite a crowd for a performance in which, in a symbolic act of baptism, he let fall *A Drop of Black Perfume*.

The great Furkart adventure was ready to begin, and would continue, with no lapses in quality, for over a decade. With its impressive programme Furkart 1984 was like the successive salvoes of a fireworks display. Opening day in June was marked by the announcement of a meeting between Byars and Joseph Beuys. Accounts by journalists diverge, but no one knows for sure if the encounter, supposedly scheduled out of the public eye, really took place; or if it was scuppered by a sudden downpour; or if it was a pure fiction hatched by Byars. Even so, the fact that none of the few people at the Furkablick that day actually saw Beuys did not prevent his hat, coat and boots from turning up in the hotel… The next day brought a new performance by the Japanese couple, the Matsuzawas. Panamarenko from Belgium gave two performances and, tranquilly installed in the outbuilding, put together a "flying backpack" that ultimately proved more poetic than practical. For their performance of *Nightsea Crossing* in September, Marina Abramović and Ulay faced each other without moving for seven long hours in the hotel's amazing, emptied-out lobby, while nightfall and increasingly inclement weather forced all concerned to stay over. Silence returned with the following season, mainly devoted to discussion between artists and other initiates concerning the venue's potential as, among other things, a "cultural laboratory"; but in 1986 the adventure was up and running again, with big names on a more official-sounding programme. When you look back at the splendid postcards Marc regularly commissioned from his photographer and artist friends by way of documenting what went on at Furkart, and which he issued as editions, you really regret not having been there in person for every single one of these events.

The thing is, of course, that unless you were a true aficionado, one of Marc's assistants or a mountain freak, you didn't go up there all the time. You made the trip for a specific work or simply to check out how the project was developing. And each time the shutters were thrown back – when the road was open again, and tourists started happening by, and the climbers in red socks and the bikers and cyclists reappeared and you even met art lovers come from all over to vet this new centre in the middle of nowhere – inside the hotel you were delighted to rediscover that old, improbable Belle Époque dining room seemingly caught in a time-warp of gleaming parquet, wainscoting, voluptuous hangings and red curtains, now transformed either into a reading room for books and catalogues on participating artists or, sometimes, a venue for temporary installations. After threading your way among the stuffed hunting trophies and antique pedestal tables you could also spend the night in one of the olde worlde bedrooms with those high beds of yesteryear that you literally had to climb into, and their mountainous eiderdowns. The room keys, discreetly inscribed *Covered by Clouds*, were the work of Lawrence Weiner.

Everything had become art. In the lobby Guillaume Bijl had put together a jumble of defunct objects found around the place. Michel Ritter would later offer his own version in the same setting. Elsewhere old vitrines, tables and rooms had been put to various artistic uses. The restaurant's place mats, printed with *Truisms*, were the work of Jenny Holzer. Outdoors – weather and luck permitting – a wander among the rugged surroundings could yield a "Hodler" signature cut into a rough chunk of rock by Ian Hamilton Finlay, Royden Rabinowitch's curved pieces of sheet steel lying on the ground, garbage bags that weren't really garbage bags (they were an installation by Alix Lambert) and other discreet traces of earlier interventions. On the pediment of the outbuilding were drawn arrows documenting the changes of wind direction noted every half hour by Richard Long during one of his long walks. And against all expectations a brick stela cemented together by Per Kirkeby had survived several winters.

Marc Hostettler's concept was as distinctive as it was innovative: he invited prominent artists whose work he knew well, most of them more accustomed to working and showing in an urban setting but capable in his opinion of adapting to a site far removed from the sheltered ambience of a gallery. The point was not to have the invitees come along with a work that would be shown for a while and then taken away again, but to encourage a meditation on the site and its specific characteristics – climate, topography, history, constraints – that would result in a work destined to stay there; a work subject in all likelihood to ongoing deterioration but not damaging the environment in any way and, above all, intriguing rather than upsetting for the pass's few "non-artistic" tourists. Once informed of the prerequisites, some of the artists called on sent suggestions which were then executed by Marc's multi-talented collaborators (until 1994 the video artist Aufdi Aufdermauer and art historian Karin Wegmüller, who between them also displayed enormous aplomb as waiters in the restaurant). Others, though, their curiosity piqued by this novel situation, came along to soak up the atmosphere and work in the hotel or the outbuilding or outdoors. While imposing no specific places or ways of working on his guests, Marc showed himself a skilled helmsman and diplomat, driven by a continuing curiosity as to what this "cultural laboratory" might produce.

Discretion, finesse, respect for the site, attention to detail: these were Marc's watchwords. In many cases nothing remains of the remarkable art that emerged here, apart from postcards, photos, programmes and other bits and pieces – subtle reminders that become all the more precious with the passing of time. A notable aspect of the project was Marc's restraint in his dealings with the media: no dramatic proclamations, no flash advertisements in the specialist press, no bragging about the famous figures who were taking part; just sober annual programmes offering a few unvarnished lines of information about artists arriving from all over the world. I experienced this at first hand: during the crucial years from the beginnings to 1993/94 I wrote all the texts on the project and the artists, and later the descriptions of the works that were still to be seen on-site.

The first press kit, in 1984, was a work of art in itself. A few dozen copies produced entirely by hand, Marc's approach being that of a thoroughgoing creator. Each of the four participants for that season was covered in four meticulously presented pages, on different types of paper, separately bound, embodying the latest technology, embellished with photographs, polaroids and photocopies, and all grouped together in a grey cardboard folder already(?) bearing the silkscreened FURKART logo. We spent a day and part of the night in the gallery in Neuchâtel, thinking up presentation gambits, choosing materials, cutting and pasting, writing in pencil on adhesive tape and typing on strips of paper. Gradually the media side was professionalised, rationalised and digitised, thanks to the Marco Schibig/Franziska Schott graphics duo and various photographer friends. The ultimate result was an A3 poster whose verso provided a highly pragmatic roundup of information aimed at journalists and the public – not to mention possible sponsors: each time financial backing had to be drummed up for the numerous projects in progress. Marc kept an unfailingly close eye on the phrasing – every sentence, every word – and rigorously removed any overstatement. His intention with the term "cultural laboratory" was to make it clear that Furkart was above all a permanently evolving experimental venture, while his "sediments" designated the traces and vestiges the visitor might expect to find. Eventually a topographical chart was put together, indicating the approximate location of "sediments" scattered around the site in places sometimes far off, unlikely or hard to get to. There was, too, a text written in 1994, two A4 sheets revealing where works could be tracked down inside the Hotel Furkablick itself. All this was rounded off by regularly updated editions of postcards. Marc might have been relatively unforthcoming with journalists – after all, everything they needed was in the press kit sent to them! – but he was ready to spend hours on the phone with advisers and collaborators like Christoph Gossweiler, Olivier Mosset and François Morellet.

He later set about a "tactful renovation" of the property, calling in Rem Koolhaas – whom he had already got interested in the project – and his Office for Metropolitan Architecture (OMA). The aim was a rehabilitation at once discreet and spectacular of the oldest part of the building: the addition of a terrace at the back, together with windows giving onto a truly breathtaking landscape and a French window that, however tempestuous the weather, let you watch cloud patterns that changed from one hour – or one minute – to the next. Focusing on it, you discovered Paul-Armand Gette's *Le Commencement du paysage, zéro mètre* (Beginning of Landscape: Metre Zero), a starting point for contemplation. The renovations had their practical side as well, including a gleaming, all-metal kitchen with a weird "household robot" on rails that was supposed to make for easier access to the new dining room. Improvements to the outbuilding, where painters Olivier Mosset and Niele Toroni and numerous others had worked – and which Panamarenko had turned into his *Garage des Alpes*, before buying it – were entrusted to Belgian architect Luc Deleu.

Like the slowly deteriorating works, the Furkart project as originally conceived – headed by a single person with the backing of assorted advisers and artists – could not last, and it too gradually decayed. A hotel open for only three months of the year – running at a loss but still obliged to meet official standards – became a burden; the pool of artists capable of adapting to its requirements was not inexhaustible; and then there was the eternal, wearying quest for financial support. Ultimately it was all too much.

Marc Hostettler has moved on. For him the subject is closed – as, once more, are the shutters (this is the only way they reveal Daniel Buren's coloured stripes). Now a listed heritage site, the hotel seems to have returned to dormancy. For many years an indirect backer, the Alfred Richterich Foundation bought the premises in 2004 and founded the Furkablick Institute. This at least preserves the memory of a still exemplary, one-of-a-kind adventure that ties in with the issue raised back in the day by Fernand Léger and now more relevant than ever: that of the possible differences between a private art intended for display in the privileged "white cube" of a gallery, and one responding to the subtle demands or opportunities experienced by artists in the heterotopia of the public arena. The Furkart adventure has been granted belated recognition by art historians* and the site has become a place of pilgrimage for the occasional art and architecture fans who have heard about the things that were made there. Meanwhile the relics, the remains, the "sediments" – all those ephemera that fire the imagination – live on.

* This belated recognition included:
– *Média mix, les Éditions Média de Neuchâtel, une sélection de sérigraphies, choix d'artistes; Royden Rabinowitch, Ethics of Stan Laurel & Oliver Hardy, sculptures et peintures*, Musée des Beaux-Arts, La Chaux-de-Fonds, 23 May–8 August 2004.
– Jürgen Grath, *Furk'art. Spuren des Ephemeren*, PhD dissertation 2011 (Munich: Herbert Lutz Verlag, 2012).
– *L'expérience Furkart*, Centre Pompidou, Paris, 19 February–10 March 2014 (in association with the Centre Culturel Suisse, directed by Jean-Paul Felley and Olivier Kaeser).
– Thomas Rodriguez, *Archives Furkablick / Furkart*: Facebook page and a series of interviews with artists and other participants, on Vimeo since 2014.

INTRODUCTION

Aux environs de midi, le 24.7.83, James Lee Byars présentait sur le Col de la Furka, devant une cinquantaine de personnes, "A Drop of Black Perfume". Byars avait de lui-même proposé l'endroit de cette intervention, qui se déroulait parallèlement à son exposition sur le même thème à la Galerie Média à Neuchâtel.
Le paysage dur de la Furka, qui passionnait les explorateurs et les peintres depuis le XVIIIe siècle, est aujourd'hui déserté. On ne pratique plus guère cette voie est-ouest que pour y voir le fameux glacier du Rhône. Les hôtels, conçus pour abriter des dizaines de voyageurs et situés à 27 km à peine d'une autoroute, sont fermés.
L'intérêt de cette situation particulière et le succès remporté par l'intervention de Byars ont incité Marc Hostettler à envisager la possibilité de manifestations régulières sur la Furka, qui permettraient à des artistes invités de se confronter à la nature du lieu.
Cette année, l'ouverture de la saison se fera avec Beuys et Byars, le jour précisément de l'ouverture officielle du col, à midi.

Programme annoncé

Beuys et Byars	24.6.84 12 h 00
Matsuzawa	25.6.84 09 h 00
Panamarenko	2.7. au 23.7.84
	et 13.8. au 2.9.
Abramovic/Ulay	22.9.84

Organisation: Marc Hostettler (Galerie Média Neuchâtel)
Du 22.6 au 30.9.84 Tel 044/6.82.93

1983

James Lee Byars' Kontemplation am Furka

Ein Sonntagmorgen auf dem Furkapass. Strahlendes Sommerwetter wechselt mit Nebelfladen und Regenschauern, die der Wind aus dem Wallis heraufträgt. Es soll kein alltäglicher Tag werden. Der amerikanische Performance-Künstler James Lee Byars hat eine Aktion angekündigt. Man kennt ihn mindestens seit Harald Szeemanns documenta 5 von 1972 als Dandy und Magier, als einer, der in rituellen Handlungen eine gewöhnliche Lokalität in einen ungewöhnlichen Ort symbolischer Mystifikation und Beschwörung verwandeln kann. Die Furka ist ja ohnehin eine besonders exponierte Örtlichkeit, ein Pass inmitten Hodlerscher Berge einer kaum zerstörten Landschaft. Stille und Konzentration sind von Natur aus vorhanden.

Hier tritt nun James Lee Byars im Goldgewande mit schwarzem Zylinder und schwarzen Lackschuhen auf. Sein Gesicht verhüllt ein schwarzes Tuch. Neben einem Felsstein am steilen Abgrund nimmt er seinen Ort der Kontemplation. Ein winziges Kristall hat er da im Stein entdeckt, und einen Tropfen schwarzen Parfums lässt er auf die denkwürdige Stelle des Steines fallen. Den Besuchern erläutert er diese rituelle Handlung, warnt sie vor dem Absturz ins Tal, mahnt sie, nicht die seltenen Alpenblumen zu zertreten. Das Goldlamé seines Kleides suggeriert die kostbare, wenngleich tote Materie Gold. Kostbarer als Gold ist aber die Fähigkeit zu fragen, zu sinnieren, einem eine das Leben erfüllende Mythologie zu schaffen, eine, die uns gemäss ist und die Dinge in eine nicht bloss rationale Ordnung einfügt. Das Fragen, so Byars Botschaft, ist das kostbarste Gut, das wir haben. Der Performer, von altjapanischen Denkhaltungen angetan, führt diese symbolische Mystifikation vor, indem er sich sinnbildlich inszeniert. In den Kristallsplitter berührt, brochenes, destruktives Natur. Mit dem Ausschütt zen Parfümtropfens ver kunstvoll vor dieser Natur gehörig empfindet. Dann der in der Bergwelt aushar In Japan gibt es Philosoph man in die Berge zieht, w ben geht. Ruhig und bewus eigenen Tod erleben. Neb sucht man für sich den F geiernt, Sinnfragen zu st keine einfach rationalen Jeder muss sich selber un gen seine Antwort gebert grösster Individualität un ter Nähe zur Natur. (Bild. im Gelände.)

PROBLEMATICHE DELL'ARTE

JAMES LEE BYARS: A DROP OF BLACK PERFUME

Al Passo della Furka, uno dei più alti passi montani della Svizzera, James Lee Byars ha condotto un'azione dal titolo *Una goccia di profumo nero*. Già dalla notte prima l'artista e i partecipanti avevano preso alloggio in una baita. Al mattino Byars, che indossava un abito tutto d'oro, ha guidato il gruppo fino a un punto da lui scelto in precedenza. Il suo intervento è stato piccolo, anzi minimo: circondato da un grandioso paesaggio montano Byars ha lasciato cadere su un masso di pietra una goccia di profumo nero, il cui aroma si è presto mescolato con quello dei fiori alpini che ricoprono il declivio tutto attorno alla roccia.

Annemarie Burckhardt

Nel cuore di un imponente paesaggio, al Passo della Furka, James Lee Byars ha individuato il luogo in cui rappresentare la sua performance (pag. a lato).

A drop of black perfume, una goccia di profumo nero, è stata deposta su un piccolo cristallo di quarzo bianco incastonato in un blocco di granito (pag. a lato, sotto).

Avvolto nel suo abito dorato, James Lee Byars indica agli amici partecipanti di aver lasciato cadere la goccia sulla pietra (a destra).

Come ricordo della performance James Lee Byars ne ha fatto imprimere il titolo, A drop of black perfume, su un disco di vetro (sotto).

[foto Annemarie Burckhardt]

MR. BEUYS AND MR. BYARS «INTRODUCTION OF THE SAGES TO THE ALAS»
24.6.84   RH

Yutaka Matsuzawa (* 1922 à Shimosuwa-machi) - 25.6.84 09 h 00

Symbol Poem No.8
1954

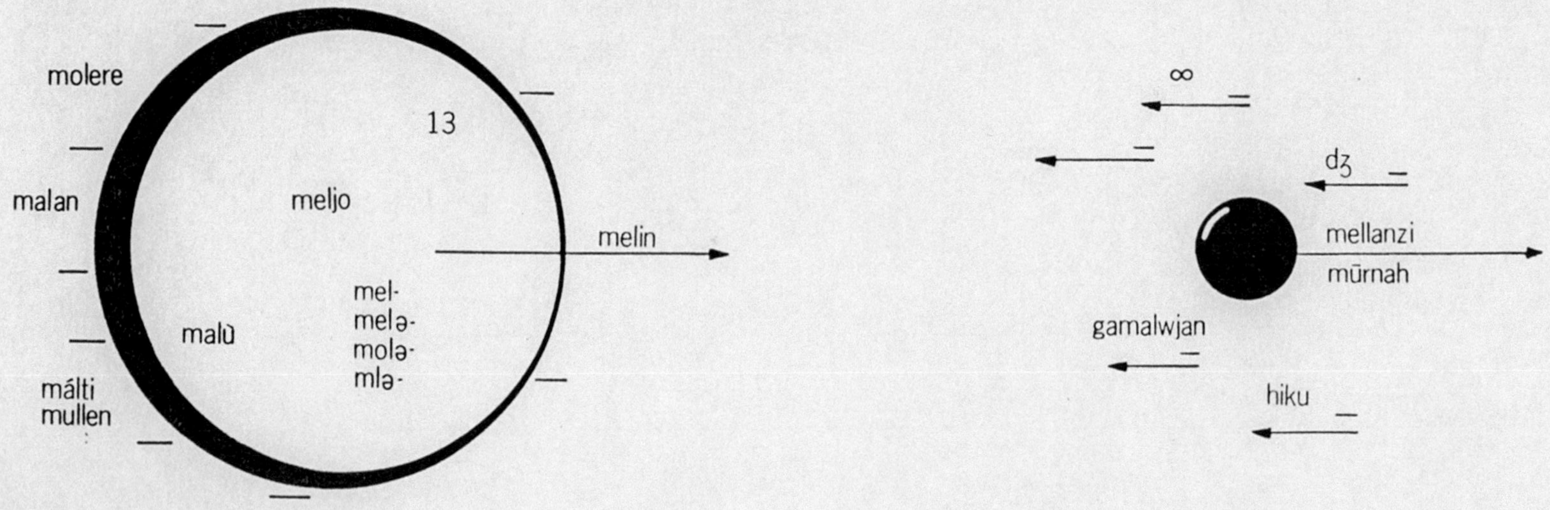

mellanzi
mūrnah
dʒ
hiku
∞
gamalwjan

melin
13
meljo
mel-
mela-
mola-
mla-
malù
molere
malan
mālti
mullen

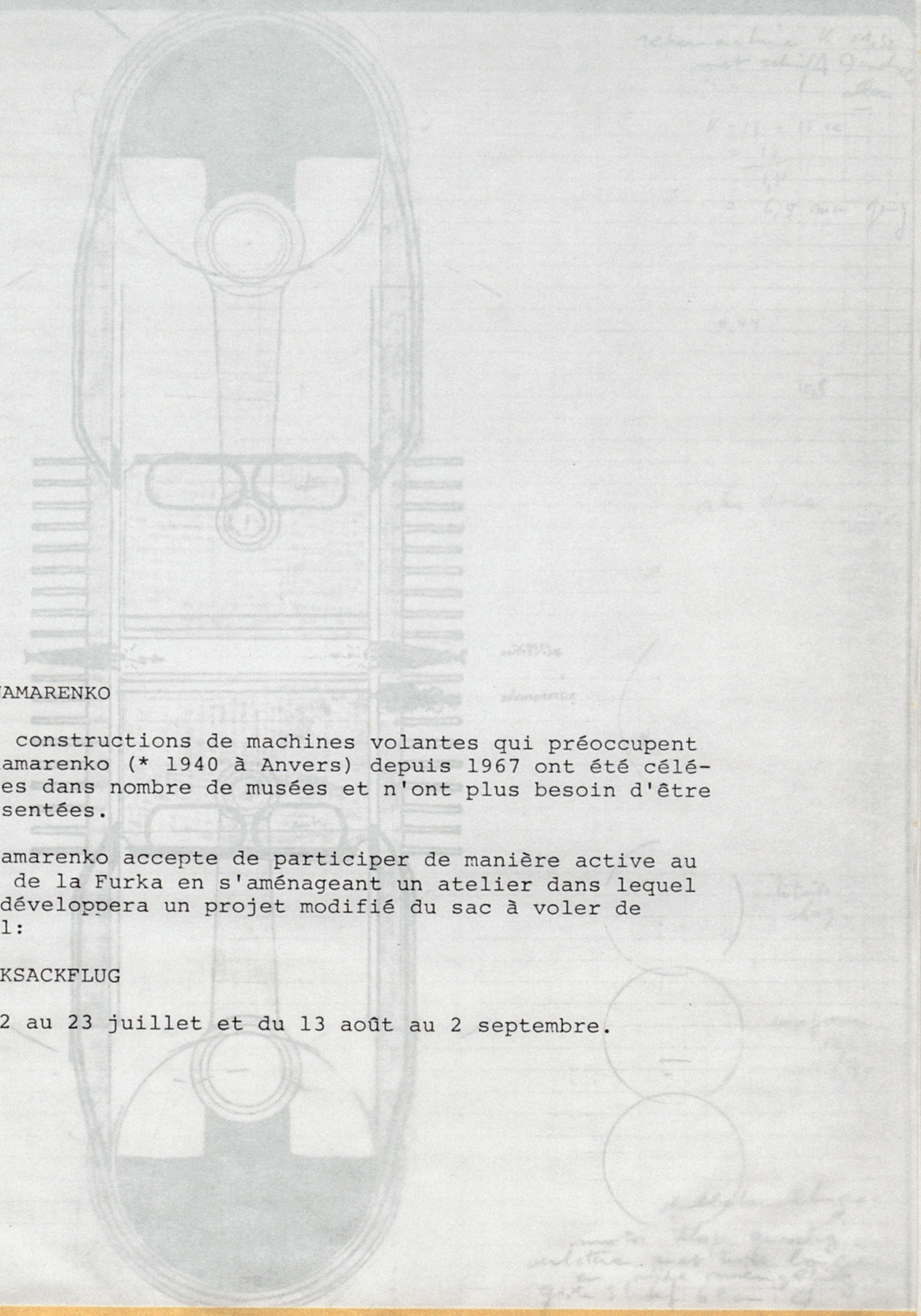

PANAMARENKO

Les constructions de machines volantes qui préoccupent
Panamarenko (* 1940 à Anvers) depuis 1967 ont été célé-
brées dans nombre de musées et n'ont plus besoin d'être
présentées.

Panamarenko accepte de participer de manière active au
Col de la Furka en s'aménageant un atelier dans lequel
il développera un projet modifié du sac à voler de
1981:

RUCKSACKFLUG

du 2 au 23 juillet et du 13 août au 2 septembre.

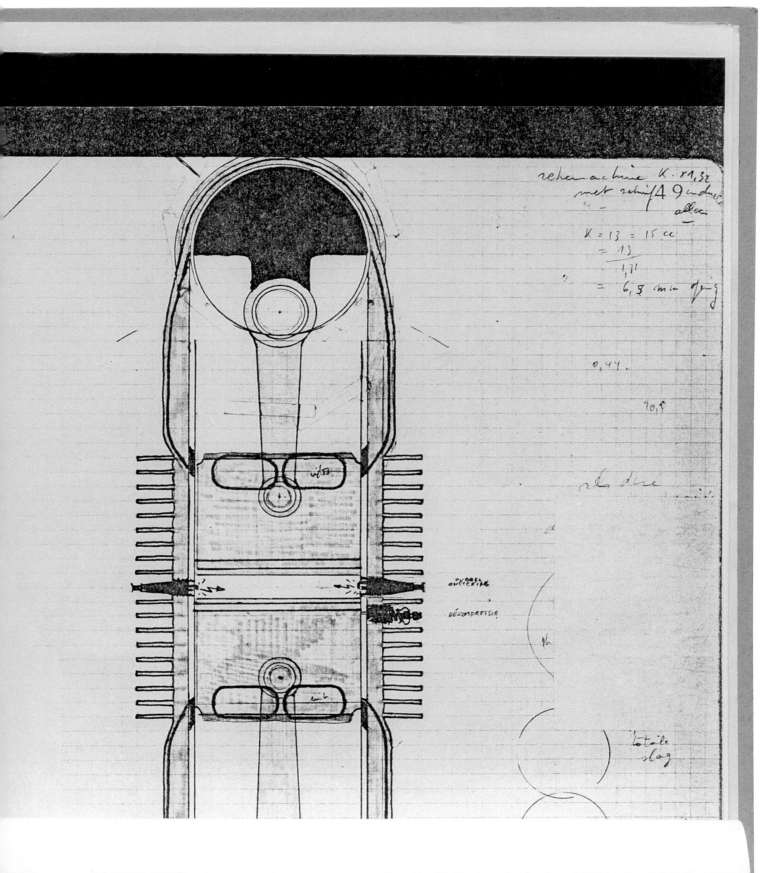

ABRAMOVIC / ULAY

Marina Abramovic (* 1946 à Belgrade) et Ulay (* 1943 à Solingen) réalisent depuis 1976 ce qu'ils nomment "Relational Work". Leurs séquences, qui sont conçues à partir de lignes directrices très précises et lapidaires, mettent en scène un jeu de relations. Abramovic/Ulay expérimentent les implications du temps sur leur propre comportement, mais également sur celui du spectateur.
Le Stedelijk Museum d'Amsterdam présentera l'ensemble de leurs travaux vidéo dès le 13 septembre de cette année.

L'intervention prévue par les deux artistes à la "Furk'art" prolongera le thème de "Nightsea Crossing" présenté notamment à la Documenta 7 pendant 3 semaines. Elle aura lieu le 22 septembre et durera 7 heures.

Abramovic/Ulay "Nightsea Crossing", Gent 29.3.-1.4.1984

BUDGET PREVU

Organisation et relations publiques
- programmation: déplacements, tel.   Fr. 1'200.-
- compilation d'un dossier   Fr. 1'500.-
- communiqués, invitations pour les 24 et 25.6.84   Fr. 1'800.-
- frais d'installation d'une infrastructure bureau   Fr. 1'000.-
- défraiement de l'organisateur, 3 mois   Fr. 4'000.-
- photocopies, c.photos, tel, affranchissements,km   Fr. 6'000.-
- documents vidéo et photos (prises)   Fr. 4'000.-
                                                             Fr. 19'500.- Fr.19'500.-

Beuys et Byars

Abramov

BUDGET PREVU

Organisation et relations publiques

-programmation: déplacements, tel.	Fr. 1'200.-	
-compilation d'un dossier	Fr. 1'500.-	
-communiqués, invitations pour les 24 et 25.6.84	Fr. 1'800.-	
-frais d'installation d'une infrastructure bureau	Fr. 1'000.-	
-défraiement de l'organisateur, 3 mois	Fr. 4'000.-	
-photocopies, c.photos, tel, affranchissements,km	Fr. 6'000.-	
-documents vidéo et photos (prises)	Fr. 4'000.-	
	Fr. 19'500.-	Fr.19'500.-

Beuys et Byars

-défraiement déplacements, hébergement	Fr. 2'000.-	
-frais de mise en place des deux installations	Fr. 3'000.-	
	Fr. 5'000.-	Fr. 5'000.-

Matsuzawa

-défraiement déplacements, hébergement	Fr. 700.-	
-matériel de réalisation	Fr. 1'500.-	
	Fr. 2'200.-	Fr. 2'200.-

Panamarenko

-déplacements	Fr. 600.-	
-hébergement	Fr. 2'000.-	
-installation d'atelier et locations diverses	Fr. 2'000.-	
-assistant y compris hébergement	Fr. 3'800.-	
-matériel	Fr. 5'000.-	
-budget de lancement	Fr. 3'000.-	
	Fr. 16'400.-	Fr.16'400.-

Abramovic/Ulay

-déplacements et hébergement	Fr. 2'000.-	
-transport matériel et location	Fr. 1'500.-	
-frais d'information	Fr. 1'000.-	Fr. 4'500.-
	Fr. 4'500.-	Fr. 4'500.-

total   Fr.47'600.-

Neuchâtel, le 5.6.84

James Lee Byars
"a drop of black perfume"
24. 7. 1983

© FURKART · CH 6491 FURKAPASSHÖHE · TELEFON 044 67297

Photo: Balthasar Burkhard

INTRODUCTION 16.5.84

Aux environs de midi, le 24.7.83, James Lee Byars présentait sur le Col de la Furka, devant une cinquantaine de personnes, "A Drop of Black Perfume". Byars avait de lui-même proposé l'endroit de cette intervention, qui se déroulait parallèlement à son exposition sur le même thème à la Galerie Média à Neuchâtel.
Le paysage dur de la Furka, qui passionnait les explorateurs et les peintres depuis le XVIIIe siècle, est aujourd'hui déserté. On ne pratique plus guère cette voie est-ouest que pour y voir le fameux glacier du Rhône. Les hôtes, conçus pour abriter des dizaines de voyageurs et situés à 27 km à peine d'une autoroute, sont fermés.
L'intérêt de cette situation particulière et le succès remporté par l'intervention de Byars ont incité Marc Hostettler à envisager la possibilité de manifestations régulières sur la Furka, qui permettraient à des artistes invités de se confronter à la nature du lieu.
Cette année, l'ouverture de la saison se fera avec Beuys et Byars, le jour précisément de l'ouverture officielle du col, à midi.

Programme 1984

Beuys et Byars	24.6.84	12h00
Matsuzawa	25.6.84	09h00
Panamarenko	15.7 au	29.8.84
Abramovic/Ulay	22.9.84	10h00

EINFUEHRUNG 16.5.84

Auf der Furkapasshöhe zeigte James Lee Byars am 24.6.83 um 12 Uhr "A Drop of Black Perfume". Den Ort des Geschehens, das in thematischem und zeitlichem Zusammenhang mit seiner Ausstellung in der Galerie Media Neuenburg stand, hatte er aus eigenem Antrieb bestimmt.
Die harte Landschaft der Furka, die seit dem 18. Jh. Naturforscher und Künstler begeistert hat, ist heute verlassen, denn die Ost-West Verbindung wird kaum noch benutzt. Obwohl kaum 30 km von einer Autobahn gelegen, sind die Hotels geschlossen.
Diese besondere Situation und der Erfolg des letztjährigen Anlasses (50 Personen waren anwesend) haben Marc Hostettler dazu bewogen, hier regelmässig Veranstaltungen stattfinden zu lassen, bei denen eingeladene Künstler sich mit dem Ort auseinandersetzen können.
Dieses Jahr wird die Saison durch Beuys und Byars am 24.6.84 um 12 Uhr eröffnet, am Tag der offiziellen Passeröffnung.

Programm 84

Beuys und Byars	24.6.84 12 h 00
Matsuzawa	25.6.84 09 h 00
Panamarenko	2.7.bis 23.7.84 und 13.8. bis 2.9.
Abramovic/Ulay	22.9.84

Basco, Kari and James
Refuge Furka, 24. 6. 1984

© FURKART · CH 6491 FURKAPASSHÖHE · TELEFON 044 67297

Photo: Marc van Geyte

James Lee Byars und der Drachen
24. 6. 1984

© FURKART · CH 6491 FURKAPASSHÖHE · TELEFON 044 67297

Photo: Marc van Geyte

Mr. and Mrs. MATSUZAWA
25th of June 1984

© FURKART · CH 6491 FURKAPASSHÖHE · TELEFON 044 67297

Photo: Marco Schibig

Yutaka Matsuzawa
Performance, 25. 6. 1984

© FURKART · CH 6491 FURKAPASSHÖHE · TELEFON 044 67297

Photo: Marc van Geyte

FURKABLICK 044/6.72.97

Témoin intact d'une autre époque, construit en 1900, dans un
paysage tourmenté, l'hôtel Furkablick dresse toujours au passage
du col de la Furka ses façades austères percées de nombreuses
fenêtres.Déserté, inhabité depuis plusieurs années, le Furkablick
ambitionne aujourd'hui de retrouver non seulement une deuxième
vie mais aussi un second souffle en recréant autour de lui un
intérêt.Des activités culturelles comme les interventions de
Beuys et Byars, de Matsuzawa ou de Panamarenko suivies par
quelque 500 personnes participent à cette idée.

Le Furkablick tout en renouant avec son passé envisage de
servir de laboratoire culturel.Devenir un point d'impact
spécifique de manifestations uniques appelées à rayonner en
Suisse comme à l'étranger sera l'une de ses caractéristiques.
Il reprendra naturellement son rôle de halte ouverte à tous
les voyageurs.Jadis lieu d'expédition, le col de la Furka vit
passer des hommes célèbres dont Goethe en novembre 1779.Frappée
par la beauté sévère du paysage, la reine Victoria y séjourna.
Le Furkablick compta jusqu'à 70 lits.

A lui seul, le site sort de l'ordinaire.Il se situe dans la
zone de partage des eaux allant rejoindre la Méditerranée et la
Mer du Nord.L'environnement naturel est exceptionnel ne serait-
ce que par les très brusques changements de temps qui s'y
produisent.La nature du paysage sauvage, tourmenté ne correspond
en rien à l'image de la Suisse véhiculée par les cartes postales.
L'hôtel est accessible durant la belle saison.Son isolement n'est
qu'une illusion.L'axe nord-sud du Gotthard est à proximité
immédiate.

De simple lieu de passage, le Furkablick ambitionnne de devenir
un centre de rencontres factuelles.Des séminaires spécialisés
liés au site, des ateliers de travail, des activités artistiques
devraient s'y tenir.La situation du lieu caractérisé par une
solitude toute relative, l'hôtel dont les pièces sont comme
figées dans leur atmosphère d'origine s'y prêtent admirablement.

Le col de la Furka culminant à 2431 m est l'une des liaisons
alpines les plus élevées de Suisse.On le franchissait autrefois
à pied, même en hiver.Moyen de communication vital entre l'est
et l'ouest, le col est devenu aujourd'hui une curiosité.De son
passé marqué par le passage d'innombrables voyageurs subsiste
l'hôtel Furkablick, fermé en 1978, sa dépendance transformée
en refuge pour alpinistes ainsi qu'à 600m, la dépendance
inutilisée depuis 1950 du second hôtel, le Passhöhe, démoli.

Juillet, août, septembre, ces trois mois d'ouverture annuelle
-une gageure- devraient effacer par la multiplicité et la qualité
des activités les huits mois d'hibernation de la Furka.

Marc Hostettler 038/24.53.23

FURKABLICK 044/6.72.97

Als noch intakter Zeuge einer vergangenen Zeit präsentiert das in einer wilden Gegend errichtete Hotel "Furkablick" am Furkapass seine von vielen Fenstern durchbrochenen, fast abwehrend erscheinenden Fassaden.Das seit mehreren Jahren verlassene und unbewohnte Hotel hat nun die Ambition, nicht nur eine zweite Existenz zu erhalten, sondern auch neu belebt zu werden, dies mit der Schaffung eines neuen Interessensimages.Kulturelle Aktivitäten, wie die künstlerischen Darstellungen von Beuys und Byars, von Matsuzawa oder Panamarenko im Jahr 1984 gehören dazu.

Unter Anknüpfung an seine Vergangenheit soll das Furkablick als Kulturlaboratorium dienlich gemacht werden.Eines seiner Merkmale soll darin bestehen, zu einem besonderen Ort für einzigartige Veranstaltungen mit einen Ausstrahlung auf schweizerischer und auf ausländischer Ebene zu werden.Selbstverständlich wird es auch wieder den Reisenden als Rastort offenstehen.Der Furkapass, einst ein Expeditionsgebiet, hat berühmte Leute vorbeiziehen sehen, wie beispielsweise Goethe im Jahr 1779.Beeindruckt von der strengen Schönheit des Landschaft hielt sich auch die Königin Victoria hier auf.Das Furkablick hatte bis zu 70 Betten.

Schon für sich stellt der Ort etwas dar, das den Rahmen des Gewöhnlichen sprengt.Er liegt in dem Gebiet, in welchem sich die Wasser scheiden und entweder dem Mittelmeer oder der Nordsee zuströmen.Die Natur der Umwelt ist aussergewöhnlich, und wäre dies auch nur wegen der ausserordentlich brüsken Wetterumschläge, die hier vorkommen.Diese Landschaft entspricht ganz und gar nicht dem Postkartenbild von der Schweiz.Das Hotel ist während der Sommersaison zugänglich.Seine abgschnittene Lage ist bloss Illusion.In unmittelbarer Nähe befindet sich die Nord-Süd-Achse des Gotthard.

Das Furkablick strebt danach, von einem blossen Durchgangsort zu einem tatsächlichen Zentrum der Begegnung zu werden.Es sollen spezielle Seminarien im Zusammenhang mit dem Ort und künstlerische Veranstaltungen durchgeführt werden, sowie Arbeitsateliers zur Verfügung gestellt werden. Die Lage des Ortes, charakterisiert durch dessen relative Einsamkeit und das Hotel, dessen Zimmer in ihrer ursprünglichen Atmosphäre verharrt zu geblieben scheinen, eignen sich dazu in ausgezeichneter Weise.

Der Furkapass mit seiner auf 2431 m gelegenen Passhöhe, ist einer der höchsten Alpenübergänge der Schweiz. Früher überquerte man ihn zu Fuss, und zwar auch im Winter. Die einst so belebte Verbindung zwischen dem Osten und dem Westen ist heute eher eine touristische Sehenswürdigkeit. Aus seiner Vergangenheit, die geprägt war von der Durchreise zahlreicher Reisender, ist das Hotel "Furkablick" übriggeblieben, das seit 1978 geschlossen ist, dessen Dépendance, die jetzt als Alpinistenunterkunft dient, sowie die seit 1950 nicht mehr benutzte, 600 m entfernt gelegene Dépendance des abgebrochenen Hotels "Passhöhe".

Juli, August und September, diese drei Monate, während welcher das Hotel geöffnet ist - ein Wagnis - dürften mit ihrer Vielfalt und der Qualität der Aktivitäten die acht Monate Winterschlaf der Furka vergessen lassen.

Marc Hostettler 038/24.53.23

Panamarenko
"Rucksackflug-Test"
August 1984

© FURKART · CH 6491 FURKAPASSHÖHE · TELEFON 044 67297

Photo: Vera Isler

Panamarenko
18. 7. 1984 bis 3. 9. 1984

© FURKART · CH 6491 FURKAPASSHÖHE · TELEFON 044 67297

Photos: Vera Isler

Ulay & Marina Abramović
Nightsea Crossing
Furkablick, 22. 9. 1984

© FURKART · CH 6491 FURKAPASSHÖHE · TELEFON 044 67297

Photo: Guido Nussbaum

NOTE DU 10.2.86

Le 22 septembre 84 à 17 heures prenait fin la 78ème journée de "nightsea crossing" de Marina Abramovic/Ulay. Pendant que s'écoulaient les sept heures de performance dans la grande salle de l'hôtel inoccupé, toutes les conditions météorologiques s'étaient succédées sur la Furka, et les quelques invités restés jusqu'au terme de l'action durent attendre le jour suivant pour repartir.
La saison a été dense pour tous les participants. Environ 500 personnes se sont déplacées pour suivre le travail de Beuys et Byars, de Matsuzawa ou de Panamarenko. De ces interventions artistiques, qui n'ont pas laissé de traces sur place, témoigneront des textes et photographies de qualité dont la publication est momentanément retardée.
En 85, les activités sur la Furka se limitèrent à deux tentatives de photographie hivernale entreprises par Balthasar Burkhard et Dominique Stroobant en période de fermeture du col. Début août, une vingtaine d'amis se réunissaient dans l'hôtel pour essayer de mieux appréhender ce "navire" et de cerner ses possibilités de laboratoire culturel.
Pour 86, une idée: faire revivre le bâtiment.

Programme annoncé

Per Kirkeby	2.7 au 6.7.86
Guillaume Bijl	28.6 au 14.7.86
Res Ingold	2.7 au 14.7.86
Balthasar Burkhard	8.7 au 14.7.86
Jean Le Gac	27.7 au 9.8.86
Hamish Fulton	16.9 au 30.9.86

Travaux visibles jusqu'au 30.9.86
Organisation: Marc Hostettler (Galerie Média)
Neuchâtel 038/24.53.23
1.07 au 30.9.86 Hôtel Furkablick Tel. 044/6.72.97
Avec entre autre la participation de la Fondation suisse de la culture Pro Helvetia

NOTIZ VOM 10.2.86

Am 22.September 84 fand der achtundsiebzigste Tag der "Nightsea Crossing" von Marina Abramovic/Ulay statt. Während den sieben Stunden die diese Per - formance dauerte, (im grossen Saal des ehemaligen Hotels) jagten sich draussen die verschiedensten Wetterbedingungen - ein Schneesturm zwang die Besucher, welche der Aktion bis zum Ende beigewohnt hatten, ihre Abreise auf den nächsten Tag zu verschieben.

Die Saison ist für alle Beteiligten sehr fruchtbar gewesen. Etwa 500 Personen haben sich auf die Furka bemüht, um die Arbeit von Beuys und Byars, Matsuzawa und Panamarenko mitzuverfolgen.

Die Arbeiten von 84 haben keine Spuren am Ort hinterlassen. Das Geschehen wird in Fotographien und Texten wahrnehmbar sein, deren Publikation etwas verzögert ist.

Im Jahr 85 beschränkten sich die Aktivitäten auf zwei Versuche von Balthasar Burkhard und Dominique Stroobandt, im Winter auf der Furka Aufnahmen zu machen. Anfangs August trafen sich an die zwanzig Freunde im Hotel, um diesen Bau besser zu erfassen und dessen durch Architektur und Lage bedingte Eignung als Kulturlaboratorium zu diskutieren.

Im Jahr 86 wird man versuchen, das Gebäude wieder aufleben zu lassen.

Angekündigtes Programm

Per Kirkeby	2.7. bis 6.7.86
Guillaume Bijl	28.6. bis 14.7.86
Res Ingold	2.7. bis 14.7.86
Balthasar Burkhard	8.7. bis 14.7.86
Jean Le Gac	27.7. bis 9.8.86
Hamish Fulton	16.9. bis 30.9.86

Die Arbeiten sind bis zum 30.9.86 zu sehen.
Organisation: Marc Hostettler (Galerie Média)
Neuchâtel 038/24.53.23
1.07 bis 30.9.86 Hôtel Furkablick Tel. 044/6.72.97
Unter anderen mit der Beteiligung der schweizer Kulturstiftung Pro Helvetia

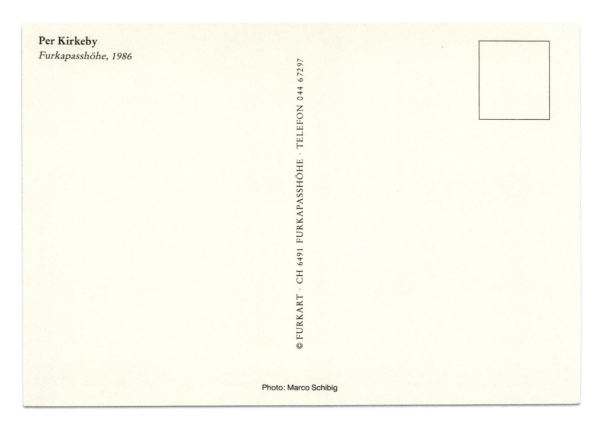

Per Kirkeby
Furkapasshöhe, 1986

© FURKART · CH 6491 FURKAPASSHÖHE · TELEFON 044 67297

Photo: Marco Schibig

Per Kirkeby
Furkapasshöhe, 1986

© FURKART · CH 6491 FURKAPASSHÖHE · TELEFON 044 67297

Photo: Christof Hirtler

Guillaume Bijl
"composition trouvée"
1986

© FURKART · CH 6491 FURKAPASSHÖHE · TELEFON 044 67297

Photo: Marco Schibig

INGOLD AIRLINES
Main Deck Container P/N 1-2 A
Furkapasshöhe, 1986

© FURKART · CH 6491 FURKAPASSHÖHE · TELEFON 044 67297

Photo: Marco Schibig

INFORMATIONS COMPLEMENTAIRES FURK'ART 86

Balthasar BURKHARD a repris sa tentative de photographie. Le résultat de ce travail sera présenté pendant la saison d'été: cartes postales, livre d'hôtes et travail sur verre de grandes dimensions s'adapteront d'une façon naturelle au cadre de l'Hôtel.

Guillaume BIJL, artiste belge dont les installations métamorphosent les lieux d'exposition et les détournent de leur fonction, aura à sa disposition la dépendance Furkapasshöhe. Ce bâtiment présente, dans ce cas, l'intérêt d'être dépourvu de fonctions depuis 35 ans.

La participation du jeune suisse Res INGOLD, présent également à l'exposition "Repères" en Valais, servira de trait d'union entre les cantons du Valais et d'Uri. Sa proposition: placer et utiliser sur le Passhöhe un container d'Ingold-Air-Lines, pourvu d'une porte et d'une fenêtre ouvrant chacune sur un côté de la frontière.

Le français Jean LE GAC avait fait un premier repérage des lieux en 84. Il prendra pour base un travail qu'il prévoit d'intégrer dans un film 16mm réalisé sur place. Outre cette installation filmographique seront présentés, au cours de la saison, quelques-uns de ses courts métrages.

Le danois Per KIRKEBY compte réaliser une construction architectonique de petite monumentalité au moyen de briques de terre cuite. Localisée sur l'emplacement d'un hôtel démoli, celle-ci restera visible jusqu'à fin septembre 87.

Contrairement à ses autres traversées, l'anglais Hamish FULTON fera du "sur place", dans un espace sans tracé routier entre le col du Nufenen, celui du Gotthard et le Val Bedretto. Avec son carnet de route, les éventuelles prises de vue et croquis, il réalisera en septembre un travail laissé en hibernation jusqu'à la saison prochaine.

ZUSÄTZLICHE MITTEILUNGEN FURK'ART 86

Balthasar BURKHARD aus Bern hat im Mai seine photographischen Versuche wieder aufgenommen. Die Ergebnisse werden sich ungezwungen dem Hotelrahmen anpassen, in Form von Ansichtskarten, einem Gästebuch, einer grossformatigen Arbeit auf Glas und neun in den Korridoren aufgehängter Ansichten.

Per KIRKEBY (Dänemark) wird aus Backsteinen ein kleines Denkmal errichten. Dieses kommt auf das Grundstück eines abgebrochenen Hotels zu stehen und sollte bis im September 87 sichtbar bleiben.

Guillaume BIJL, ein belgischer Künstler, dessen Installationen die jeweiligen Ausstellungsräume verwandeln und so ihre Funktion verändern, wird die Dépendance der Furkapasshöhe zur Verfügung haben. Der Reiz dieses Gebäudes liegt in diesem Falle darin, dass es seit 35 Jahren funktionslos leersteht.

Die Teilnahme des jungen Schweizers Res INGOLD, der auch an der walliser Ausstellung "Repères" teilnimmt, erlaubt eine Verbindung zwischen den Kantonen Wallis und Uri. Sein Vorschlag ist, einen Container der Ingold Airlines auf der Passhöhe aufzustellen, um ihn mit Fenster und Türe zu versehen, welche sich je zu einer Seite der Grenzen hin öffnen.

Der Franzose Jean LE GAC hatte sich schon im 84 mit der Gegend vertraut gemacht. Er wird eine bestehende Arbeit in einen an Ort zu realisierenden 16 mm-Film einbauen. Nebst dieser Installation werden währen des Sommers einige seiner Kurzfilme gezeigt.

Der Engländer Hamish FULTON wird, im Gegensatz zu seinen üblichen "Ueberquerungen", ein beschränktes Gebiet durchwandern, das den Nufenen, den Gotthardpass und das Val Bedretto umfasst. Sein Tagebuch, Photos und Skizzen werden die Grundlagen einer Arbeit bilden, die überwintert, und die im Sommer 87 gezeigt wird.

Art on Swiss Furka-Pass

On Swiss Pass Furka, which lies 2431 m above sea, tourists suddenly meet strange objects, which are built up somewhere in the landscape. A Galerist from Neuchatel, Marc Hostettler, has bought the old Hospiz on Furka Pass and plans now to make Art in and around the old Guesthouse. In ancient Hotel "Furkablick", artists from all over the world are invited to come there and produce their art. Our photo shows Res Ingold from Swiss Town Berne in front of a Container entitled "Ingold Airlines"!

24.7.86 Keystone

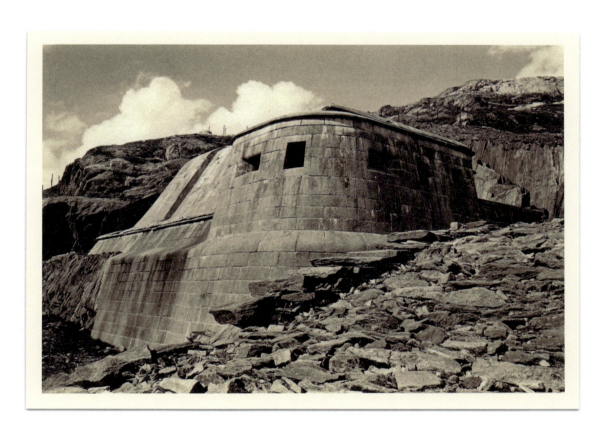

Aus: *"Marco Schibig, 12 Photographien,
Furka 1986"*

© FURKART · CH 6491 FURKAPASSHÖHE · TELEFON 044 67297

Le peintre L…
Hotel Furkablick, chambre 22

© FURKART · CH 6491 FURKAPASSHÖHE · TELEFON 044 67297

Photo: Marco Schibig

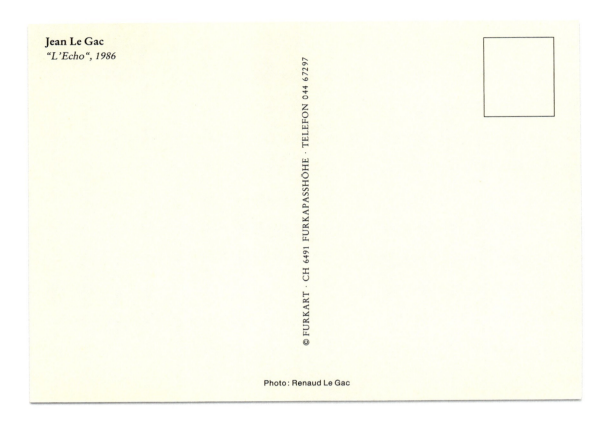

Jean Le Gac
"L'Echo", 1986

© FURKART · CH 6491 FURKAPASSHÖHE · TELEFON 044 67297

Photo: Renaud Le Gac

Hamish Fulton
septembre 1986

© FURKART · CH 6491 FURKAPASSHÖHE · TELEFON 044 67297

Photo: Hamish Fulton

FURKART 87: du 27 juin au 18 octobre

Depuis 1983, le forum que représente Furkart
permet à des artistes invités, acceptant le défi,
de s'exprimer dans des conditions différentes de
celles qui leur sont proposées habituellement.
Au cours des trois mois d'ouverture du Col, ils
peuvent travailler avec les particularités du site
et profiter des structures mises à leur disposi-
tion.Ce n'est donc pas une galerie que le visiteur
rencontrera sur la Furka, mais un laboratoire
culturel, où les oeuvres se font et se défont, et
qui demande une attitude acceptant la confronta-
tion.Bien entendu, une certaine mobilité du programme reste nécessaire autant dans les dates
annoncées que pour les réalisations envisagées.

Programme annoncé

Jannis Kounellis	25.6 au 28.6.87
Michel Ritter	1.7 au 10.7.87
Ian Hamilton Finlay	5.7 au 12.7.87
Kazuo Katase	5.7 au 15.7.87
Royden Rabinowitch	10.7 au 22.7.87
François Morellet	15.7 au 20.7.87
Daniel Buren	28.7 au 2.8.87
Olivier Mosset	5.8 au 31.8.87

Travaux visibles jusqu'au 18.10.87

Présence musicale   22.8
organisation rest.Furkablick

"Objet par nécessité"   5.9.
Conférenciers: Jacques Hainard, Conservateur du Musée
d'Ethnographie de Neuchâtel
          Jean-Hubert Martin, Commissaire de
l'exposition "Magiciens de la Terre" à la Villette

Organisation: Marc Hostettler (Galerie Média)
Neuchâtel 038/24.53.23/Hôtel Furkablick 044/6.72.97

Donateurs et appuis

1983
James Lee Byars

1984
Arnold Dorta
Thomas Dorta
Office National du Tourisme
Fondation Richterich
Swissair

1985
Balthasar Burkardt
Dominique Stroobant

1986
Fondation Pro Helvetia
Canton d'Uri
Canton du Valais
Canton de Berne
Association Française d'Action Artistique
Britisch Council
Ministère de la Culture Flamande
Alusingen Gmbh
Keller AG Ziegeleien
Fédération des Coopératives Migros

mes remerciements spécialement à Monsieur D. Ammann, Madame A. Bühler,
Madame M. Barbier, M. et Mme L. Burckhardt, Monsieur P. Comtesse,
Monsieur P. Gredinger, M. et Mme H. Gübler, Monsieur P. Gygi,
Monsieur P. Jollès, Monsieur J. Sistovaris ainsi qu'à toutes les
personnes qui ont permis la réalisation de ce projet et à tous
les artistes que la Furka a inspirés.

Schweizer Kulturstiftung Pro Helvetia
Kanton Uri
Canton du Valais
Canton et Ville de Fribourg
Canton de Neuchâtel
Association Française d'Action Artistique
Office National Suisse du Tourisme
Le Richemond Genève
Avec la participation de la Société des Montres Ebel
Sanherb Tochterfirma der Ricola fördert biologischer Anbau
Schweizer Bergkräuter
Migros-Genossenschafts-Bund Zürich
Hôtel Touring-Balance Genève
Stiftung Birsig für Kunst und Kultur
La Société des dons anonymes
perméttent la réalisation de FURKART 87

Daniel Buren (*1938) joue avec des situations visuelles.Ses fameuses bandes de 8,7cm de largeur, qui entretiennent des rapports dialectiques précis avec les espaces auxquels elles sont destinées, recèlent des capacités métamorphiques et un pouvoir critique étonnants.Elles ont fait couler beaucoup d'encre à l'occasion d'un travail tridimensionnel pour la cour du Palais Royal à Paris, inauguré en juillet 1986.Buren interviendra probablement d'une manière discrète cette année tout en préparant une deuxième oeuvre in-situ pour 1988.

Ian Hamilton Finlay (*1925) a réalisé à Stonypath en Ecosse son oeuvre peut-être la plus ambitieuse: le jardin de "Little Sparta" est un Gesamtkunstwerk où l'aménagement paysagiste, l'architecture et la sculpture sont un ensemble.Poète avant tout, Finlay fait surgir de son Arcadie, parmi les réminiscences d'un passé classique, de perfides menaces de guerres.Ses interventions, par exemple à l'exposition de sculptures du parc de Brüglingen en 84, comprennent toujours une réflexion sur le site particulier.L'artiste veut présenter sur la Furka un hommage -méditation sur les rapports culture/réalité-.

Kazuo Katase (*1947 au Japon) vit depuis 1975 à Kassel.Son travail conceptuel sur la perception est lié à son expérience de deux cultures dont se mêlent ou interfèrent parfois les codes et les symboles en des mises en scène utilisant à la fois la photographie, les objets et l'espace.Ainsi lors de son exposition à Munich (Städt. Galerie im Lembachhaus, 1985).Dans le cadre de Furkart Katase propose sur le thème d'"Une tasse de thé", deux environnements intérieurs ainsi que la prise en considération d'une structure existante extérieure.Il effectuera un repérage fin juin.

Jannis Kounellis (*1936 en Grèce) représente un art dénudé, mais "dramatique" et parlant (voir à ce propos: "Une discussion" avec Beuys, Kiefer et Cucchi, Kunsthalle Bâle 1986).Avec des références à la tradition, à l'histoire et la politique, il s'est élaboré un vocabulaire propre pour des métaphores culturelles, une "iconographie de l'iconoclasme" d'une impressionnante radicalité, comme l'a montré à nouveau la rétrospective que lui a consacré récemment le Museum of Contemporary Art de Chicago.Kounellis serait intéressé par l'espace de la grande salle à manger.

François Morellet (*1926) vit en France. Ses recherches dans le domaine de la peinture, l'ont mené à une approche systémique stricte, où le support et le concept géométrique abstrait se séparent.En dernière conséquence, ses travaux au néon sont l'épuration du trait, donc d'une certaine conception de la peinture, dans le champ visuel.Morellet, qui avait réalisé un mur en 1971 pour Beaubourg et entrepris une importante réalisation en 87 à New York, installera au cours du mois de juillet un diptyque nocturne utilisant le néon.

Olivier Mosset (*1944, Suisse) prend comme point de départ le support de la toile et chassis pour explorer la notion de peinture dans ses derniers retranchements et à la limite de la neutralité.On a pu voir ses "ready-mades rétiniens", souvent monochromes au long d'une rétrospective fin 85/86 à Poitiers/Châteauroux/La Chaux-de-Fonds/Aarau.Lié dans les années 60 au groupe BMPT (Buren, Mosset, Parmentier, Toroni), son nom a été associé dans une exposition collective récente du Verein Kunsthalle Zürich, à ceux d'Armleder et Federlé.Pendant le mois d'août, Mosset utilisera la Dépendance comme atelier.

Royden Rabinowitch (*1943 à Toronto) aborde les problèmes de la sculpture par un travail mental de déduction.Après l'exposition de Szeemann, une importante rétrospective à Mönchengladbach en 86 a présenté ses sculptures au sol précises et d'une apparente indifférence, dont la complexité ne se révèle au regard que par l'effort que le spectateur, à son tour, accomplit pour les cerner.L'artiste prévoit un voyage sur la Furka fin juin afin d'y travailler sur le thème concave/convexe.

Michel Ritter (*1949, Fribourg) a présenté ses oeuvres récentes à la Shedhalle de Zürich et à l'occasion de Fri.Art à New York, dont il était l'un des organisateurs.Il compte se servir d'un petit bâtiment isolé et faire intervenir le médium film pour une installation intitulée "mise en scène autour d'une génératrice diesel" qui devrait voir le jour début juillet.

Donateurs et appuis

1983
James Lee Byars

1984
Arnold Dorta
Thomas Dorta
Office National du Tourisme
Fondation Richterich
Swissair

1985
Balthasar Burkardt
Dominique Stroobant

1986
Fondation Pro Helvetia
Canton d'Uri
Canton du Valais
Canton de Berne
Association Française d'Action Artistique
Britisch Council
Ministère de la Culture Flamande
Alusingen Gmbh
Keller AG Ziegeleien
Fédération des Coopératives Migros

mes remerciements spécialement à Monsieur D. Ammann, Madame A. Bühler,
Madame M. Barbier, M. et Mme L. Burckhardt, Monsieur P. Comtesse,
Monsieur P. Gredinger, M. et Mme H. Gübler, Monsieur P. Gygi,
Monsieur P. Jollès, Monsieur J. Sistovaris ainsi qu'à toutes les
personnes qui ont permis la réalisation de ce projet et à tous
les artistes que la Furka a inspirés.

Schweizer Kulturstiftung Pro Helvetia
Kanton Uri
Canton du Valais
Canton et Ville de Fribourg
Canton de Neuchâtel
Association Française d'Action Artistique
Office National Suisse du Tourisme
Le Richemond Genève
Avec la participation de la Société des Montres Ebel
Sanherb Tochterfirma der Ricola fördert biologischer Anbau
Schweizer Bergkräuter
Migros-Genossenschafts-Bund Zürich
Hôtel Touring-Balance Genève
Stiftung Birsig für Kunst und Kultur
La Société des dons anonymes
permettent la réalisation de FURKART 87

FURKART 87:   28.Juni bis 18.Oktober

Das Forum Furkart besteht seit 1983. Es ermöglicht eingeladenen und zur Auseinandersetzung bereiten Künstlern das Verwirklichen von Projekten unter Bedingungen, die sich wesentlich von den sonst üblichen unterscheiden. Im Laufe der dreimonatigen Oeffnungsperiode des Furkapasses können sie mit den Besonderheiten der Landschaft und mit den ihnen zur Verfügung gestellten baulichen Strukturen arbeiten. Den Besucher erwartet also auf der Furka nicht eine Galerie, sondern ein Kulturlaboratorium. Die Werke, die hier entstehen und vergehen, erfordern von ihm eine grössere Bereitschaft zur Konfrontation.
Der speziellen Bedingungen wegen, kann das Programm bezüglich Daten und Veranstaltungen Aenderungen erfahren.

Angekündigtes Programm

Jannis Kounellis	25.6. bis 28.6.87
Michel Ritter	1.7. bis 10.7.87
Ian Hamilton Finlay	5.7. bis 12.7.87
Kazuo Katase	5.7. bis 15.7.87
Royden Rabinowitch	15.7. bis 22.7.87
François Morellet	12.7. bis 20.7.87
Daniel Buren	28.7. bis 2.8.87
Olivier Mosset	5.8. bis 31.8.87

Die Arbeiten sind zu sehen bis am 18.10.87

Ein musikalisches Ereignis   22.8.87
Organisation Rest.Furkablick

"Objet par nécessité"   5.9.
Vortrag von: Jacques Hainard, Conservateur du Musée d'Ethnographie de Neuchâtel
            Jean-Hubert Martin, Commissaire de l'exposition "Magiciens de la Terre" à la Villette

Organisation: Marc Hostettler (Galerie Média)
Neuchâtel o38/24.53.23/Hôtel Furkablick 044/6.72.97

Donateurs et appuis

1983
James Lee Byars

1984
Arnold Dorta
Thomas Dorta
Office National du Tourisme
Fondation Richterich
Swissair

1985
Balthasar Burkardt
Dominique Stroobant

1986
Fondation Pro Helvetia
Canton d'Uri
Canton du Valais
Canton de Berne
Association Française d'Action Artistique
Britisch Council
Ministère de la Culture Flamande
Alusingen Gmbh
Keller AG Ziegeleien
Fédération des Coopératives Migros

mes remerciements spécialement à Monsieur D. Ammann, Madame A. Bühler,
Madame M. Barbier, M. et Mme L. Burckhardt, Monsieur P. Comtesse,
Monsieur P. Gredinger, M. et Mme H. Gübler, Monsieur P. Gygi,
Monsieur P. Jollès, Monsieur J. Sistovaris ainsi qu'à toutes les
personnes qui ont permis la réalisation de ce projet et à tous
les artistes que la Furka a inspirés.

Schweizer Kulturstiftung Pro Helvetia
Kanton Uri
Canton du Valais
Canton et Ville de Fribourg
Canton de Neuchâtel
Association Française d'Action Artistique
Office National Suisse du Tourisme
Le Richemond Genève
Avec la participation de la Société des Montres Ebel
Sanherb Tochterfirma der Ricola fördert biologischer Anbau
Schweizer Bergkräuter
Migros-Genossenschafts-Bund Zürich
Hôtel Touring-Balance Genève
Stiftung Birsig für Kunst und Kultur
La Société des dons anonymes
perméttent la réalisation de FURKART 87

Daniel Buren (*1938) spielt mit gegebenen
visuellen Situationen.Seine 8,7 cm breiten
Streifen nehmen mit den Oertlichkeiten, auf
die sie "zugeschnitten" sind, ein dialek-
tisches Zwiegespräch auf.Sie bergen ein er-
staunliches Potential an Verwandlungsfähig-
keit und kritischer Distanznahme.Viel Tinte
ist ihretwegen geflossen anlässlich eines
im Juli 1986 fertiggestellten Werkes im Hof
des pariser Palais Royal.Buren wird dieses
Jahr einen diskreten Eingriff in situ vornehmen und gleichzeitig eine grössere Arbeit
für 1988 vorbereiten.

Ian Hamilton Finlay (*1925), der sich eigentlich als Dichter versteht, hat in seinem
schottischen Wohnort sein wohl anspruchvoll-
stes Projekt unternommen: der Garten von
"Little Sparta" ist ein Gesamtkunstwerk, an
dem Landschaftsgestaltung, Architektur und
Plastik teilhaben.In dieses Arkadien voller
antiker Reminiszenzen schleichen sich Elemente moderner Kriegsbedrohungen ein.Stets
sind die Massnahmen Finlays, wie z.B. an der
Skulpturenausstellung im Brüglingerpark Basel
1984, von einer thematischen Bezugnahme auf
die Oertlichkeit geprägt. Der Künstler plant
für die Furka eine Hommage als Meditation über
das Verhältnis Kultur/Realität.

Kazuo Katase (*1947 in Japan) lebt seit 1975
in Kassel.Seine konzeptuelle Arbeit über Wahrnehmung ist an seine Erfahrung zweier Kulturen
gebunden, deren Zeichen und Symbole er in
Inszenierungen von Fotographien, Objekten und
Räumen vermischt.So auch in einer Ausstellung
in München (Städt.Galerie im Lembachhaus,1985).
Im Rahmen von Furkart schlägt Katase ein
Projekt zum Thema " Eine Tasse Tee" vor, be-
stehend aus zwei Installationen im Innenraum
dazu in Korrelation mit einer Situation im
Freien.Er wird Ende Juni dazu eine Besichtigung
vornehmen.

Jannis Kounellis (* 1936 in Griechenland) ver-
tritt eine sparsame, aber dramatisch beredte
Kunst(vgl. dazu "Ein Gespräch" mit Beuys,
Kiefer und Cucchi, Kunsthalle Basel 1986).Mit
Bezugnahmen auf die Tradition, Geschichte und
Politik hat er sich für Metaphern der Kultur
eine eigene Sprache erarbeitet - eine Ikono-
graphie des Bildersturms von eindrücklicher
Radikalität, wie die ihm gewidmete Retrospektive im Museum of Contemporary Art in Chicago
neulich gezeigt hat.Kounellis ist daran interessiert, den grossen Speisesaal für eine
Installation zu benutzen, die noch nicht
näher bestimmt ist.

François Morellet (*1926) lebt in Frank-
reich.Seine Recherchen im Bereich der
Malerei haben ihn zur Entwicklung eines
strengen Systems geführt, bei welchem der
Bildträger und das abstrakte geometrische
Konzept zu zwei voneinander losgelösten
Momenten werden.Als logische Konsequenz
davon repräsentieren seine Neonarbeiten die
Sublimierung der Linie, und damit einer nur
vom Gesichtsfeld beschränkten Auffassung
von Malerei.Morellet, der 1971 für Beaubourg
eine Wand gestaltet und 1987 ein grösseres
Projekt in New York unternommen hat,wird
im Laufe des Monats Juli ein mit Neon be-
werkstelligtes nächtliches Diptychon ein-
richten.

Olivier Mosset (*1944 Schweiz) nimmt den
Bildträger als Ausgangspunkt um die Malerei
bis an die Grenze ihrer Möglichkeiten auszu-
loten.Seine anonymen,monochromen"retinalen
Readymades" waren 1985/86 anlässlich einer
breit angelegten Retrospektive mit Etappen
in Poitiers/Châteauroux/La Chaux de Fonds/
Aarau sowie Genf zu sehen.In den 60er Jahren
mit der Gruppe BMPT verknüpft(Buren,Mosset,
Parmentier,Toroni),wurde sein Name bei einer
Ausstellung der Shedhalle Zürich kürzlich
mit Armleder und Federle in Verbindung gebracht. Mosset wird im August die Dependance
als Atelier benutzen.

Royden Rabinowitch (*1943 in Toronto) geht
die Probleme der Plastik deduktiv und zere-
bral bestimmt an. Nach der Ausstellung von
Szeemann 1985 in Zürich hat die ihm in
Mönchengladbach 1986 gewidmete Retrospektive gezeigt, wie präzise seine Bodenplas-
tiken aufgebaut sind.Ihre scheinbare
Schlichtheit birgt eine Komplexität, die
sich dem Betrachter nur durch sorgfältige
Rezeptionsarbeit seinerseits erschliesst.
Der Künstler sieht Ende Juli eine Reise
auf die Furka vor, um dort zum Thema konkav/
konvex zu arbeiten.

Michel Ritter (*1949 in Fribourg) hat
seine neueren Arbeiten in der Shedhalle
Zürich und anlässlich der von ihm orga-
sisierten Fri.Art in New York präsentiert.
Er beabsichtigt, ein isoliertes Gebäude
und das Medium Film für eine Installation
mit dem Titel " Inszenierung rund um einen
Dieselgenerator".Diese Arbeit sollte
Anfang Juli zustande kommen.

Donateurs et appuis

1983
James Lee Byars

1984
Arnold Dorta
Thomas Dorta
Office National du Tourisme
Fondation Richterich
Swissair

1985
Balthasar Burkardt
Dominique Stroobant

1986
Fondation Pro Helvetia
Canton d'Uri
Canton du Valais
Canton de Berne
Association Française d'Action Artistique
Britisch Council
Ministère de la Culture Flamande
Alusingen Gmbh
Keller AG Ziegeleien
Fédération des Coopératives Migros

mes remerciements spécialement à Monsieur D. Ammann, Madame A. Bühler,
Madame M. Barbier, M. et Mme L. Burckhardt, Monsieur P. Comtesse,
Monsieur P. Gredinger, M. et Mme H. Gübler, Monsieur P. Gygi,
Monsieur P. Jollès, Monsieur J. Sistovaris ainsi qu'à toutes les
personnes qui ont permis la réalisation de ce projet et à tous
les artistes que la Furka a inspirés.

Schweizer Kulturstiftung Pro Helvetia
Kanton Uri
Canton du Valais
Canton et Ville de Fribourg
Canton de Neuchâtel
Association Française d'Action Artistique
Office National Suisse du Tourisme
Le Richemond Genève
Avec la participation de la Société des Montres Ebel
Sanherb Tochterfirma der Ricola fördert biologischer Anbau
Schweizer Bergkräuter
Migros-Genossenschafts-Bund Zürich
Hôtel Touring-Balance Genève
Stiftung Birsig für Kunst und Kultur
La Société des dons anonymes
perméttent la réalisation de FURKART 87

Michel Ritter
Installation – Film Super 8 1987

© FURKART · CH 6491 FURKAPASSHÖHE · TELEFON 0 44 6 72 97

Photo: Jacques Sidler

Ian Hamilton Finlay
A Proposal for the Furka Pass 1987

© FURKART · CH 6491 FURKAPASSHÖHE · TELEFON 0 44 67 29 7

Photo: Marco Schibig

A PROPOSAL FOR THE FURKA PASS, SWITZERLAND, 1987

The Swiss artist Hodler's signature, inscribed on a stone, is photographed in an Alpine landscape at the Furka Pass

FROM A POINT OF VIEW

"Hodler revives a structure of stark and simple symmetry, a hieratic ordering of forms that would translate empirical observation into symbol and that often produces a strange duality between passages of intensely literal description and an overall pattern of emblematic abstraction."

Robert Rosenblum, *Modern Painting and the Northern Romantic Tradition*

Looking at Ian Hamilton Finlay's application of Ferdinand Hodler's signature to the Alps we cannot avoid some fundamental questions about our understanding of nature and art and the nature of art. One of the problems that can arise concerns the rendering of the historical reference by means of photography, a medium we may fear to be too literal for the task we suppose it has to fulfil here. However, a photograph is not the reproduction of reality many consider it to be. It is not the duplication, but an articulation of the world and therefore bears a symbolic relation to it. As a conventional symbol it is based on Renaissance perspective and understood by the rules that govern this mode of representation. Although a photograph is always *of* something, which leads us to suspect a direct relation between object and representation, it does not show the world as it is but as we see it. Ian Hamilton Finlay does not *translate* empirical observation into symbol; rather, the observation itself functions symbolically.

By framing the view and signing the landscape he enables the observer to see nature through art. The implications of his intervention go far beyond the reference to Hodler's Alpine vistas; he assumes that there is no independent neutral reality, nor an innocent eye. Our view is determined by our cultural heritage, which is revived in the specific design of this work of art.

Finlay, however, does not simply demonstrate a thesis. He challenges the involvement of the beholder who, contemplating signature, view and history, constructs a conception of the interaction of nature and art, a conception resting upon the knowledge of tradition and the application of convention. Nevertheless, the result is far from conventional or fixed. In weighing the complex routes of reference which the work contains – routes from Hodler to Finlay, from Finlay to the beholder, from the beholder to Hodler and Finlay – the observer gains new insights with regard to the traditional within the actual. This experience determines the way in which we will see this Alpine landscape, and in its turn this metamorphosis lures us to fascinating meditations on the borderline between nature and art.

The resulting conceptual amalgam of past and present, near and far, fact and symbol, of the real and the artificial, the literal and the metaphoric, can in actual fact be traced in the media Finlay employs. But the message of proximity and distance Finlay gives is in the end also a statement against the conventional idea of the autonomy of the work of art, an idea which left so many of these works to their fates in splendid isolation.

Wouter Weijers

This Proposal was designed by Ian Hamilton Finlay and illustrated by Kathleen Lindsley

AN EDITION OF 200 COPIES, PUBLISHED BY THE WILD HAWTHORN PRESS, LITTLE SPARTA, DUNSYRE, LANARK, SCOTLAND

Kazuo Katase
„*Trink eine Tasse Tee*" 1987

© FURKART · CH 6491 FURKAPASSHÖHE · TELEFON 044 672 97

Photo: Lucia Degonda

1987
0730

© FURKART · CH-6491 FURKAPASSHÖHE · TEL. 041 887 07 17 (AB MÄRZ 1996)

Photo: Lucia Degonda

Royden Rabinowitch
*Three Rolled Conic Surfaces Applied
to a Region of Curvature Maintaining Local
and Somatic Descriptions. 1987*

© FURKART · CH 6491 FURKAPASSHÖHE · TELEFON 044 6 72 97

Photo: Claude Joray

Royden Rabinowitch
Vue sur le col de l'Oberalp et la vallée d'Urseren.

© FURKART · CH 6491 FURKAPASSHÖHE · TELEFON 044 6 72 97

Photo: Marco Schibig

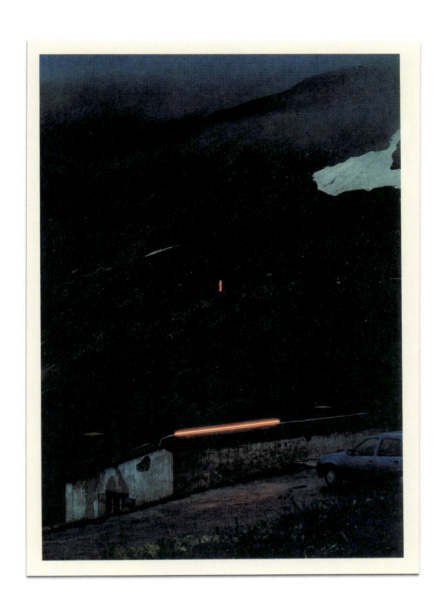

François Morellet
„Un paysage entre deux néons" 1987

© FURKART · CH 6491 FURKAPASSHÖHE · TELEFON 044 672 97

Photo: Claude Joray

Oliver Mosset
2 août 1987

© FURKART · CH 6491 FURKAPASSHÖHE · TELEFON 044 67297

Photo: Claude Joray

Furkapasshöhe 1987

© FURKART · CH-6491 FURKAPASSHÖHE · TELEFON 044 6 72 97

Photo: Luc Deleu

Panamarenko
18. 7. 1984 bis 3. 9. 1984

FURKART 88
25.6. – 2.10.88

artistes invités

Anna und Bernhard Blume
Stanley Brouwn
Daniel Buren
Gianni Colombo
John Hilliard
Jannis Kounellis
Reiner Ruthenbeck
Christoph Rütimann
Rémy Zaugg

Informations détaillées
sur les réalisations
suivront en juillet

© FURKART · CH 6491 FURKAPASSHÖHE · TELEFON 044 67297

Photos: Vera Isler

Le peintre L…
Hotel Furkablick, chambre 22

FURKART 88
25.6. – 2.10.88

artistes invités

Anna und Bernhard Blume
Stanley Brouwn
Daniel Buren
Gianni Colombo
John Hilliard
Jannis Kounellis
Reiner Ruthenbeck
Christoph Rütimann
Rémy Zaugg

Informations détaillées
sur les réalisations
suivront en juillet

© FURKART · CH 6491 FURKAPASSHÖHE · TELEFON 044 67297

P. P.
☆
6491 Realp

Photo: Marco Schibig

Ulay & Marina Abramović
Nightsea Crossing
Furkablick, 22. 9. 1984

FURKART 88
25.6. – 2.10.88

artistes invités

Anna und Bernhard Blume
Stanley Brouwn
Daniel Buren
Gianni Colombo
John Hilliard
Jannis Kounellis
Reiner Ruthenbeck
Christoph Rütimann
Rémy Zaugg

Informations détaillées
sur les réalisations
suivront en juillet

© FURKART · CH 6491 FURKAPASSHÖHE · TELEFON 044 67297

P. P.
☆
6491 Realp

Photo: Guido Nussbaum

Daniel Buren
Photo-souvenir 1988
„La visée" exposition aux vents

© FURKART · CH 6491 FURKAPASSHÖHE · TELEFON 0 44 67 29 7

Photo: Dominique Stroobant

Gianni Colombo
„A Bruno Taut" septembre 1988

© FURKART · CH 6491 FURKAPASSHÖHE · TELEFON 0 44 6 72 97

Photo: Dominique Stroobant

Gianni Colombo
Architettura cacogoniometrica alpina 1988

© FURKART · CH 6491 FURKAPASSHÖHE · TELEFON 0 44 6 72 97

Photo: Dominique Stroobant

John Hilliard
„Plein-Air" 1988

© FURKART · CH 6491 FURKAPASSHÖHE · TELEFON 044 6 72 97

Photo: Dominique Stroobant

Reiner Ruthenbeck
2500 Blatt 50 x 50 cm 1988

© FURKART · CH 6491 FURKAPASSHÖHE · TELEFON 044 67297

Photo: Luigi Biagini

FURKA R T
6491 Furkapasshöhe

3 septembre 1988 dès 15h

"die Grenzen des Sichtbaren"

ein Gespräch zwischen Fredy Murer, Filmemacher und
G.A. Tammann, Astronom.

bis jetzt sind Arbeiten der folgenden Künstler zu besichtigen:

Stanley Brouwn, Daniel Buren, Gianni Colombo, John Hilliard,
Reiner Ruthenbeck, Christoph Rütimann, Rémy Zaugg

Furkart 88 bis 2.10.88, CH-6491 Furkapasshöhe tel 044/6.72.97

Schweizer Kulturstiftung Pro Helvetia, Kanton Uri, Canton du
Valais, Kanton Basel-Stadt, Kanton Luzern, Association Française
d'Action Artistique, British Council, Stiftung Birsig, Migros-
Genossenschafts-Bund, Pan-Gas Luzern, Fondation Richterich.

Christoph Rütimann
ein stehender Ton 5. 8. 1988 - 22. 9. 1988

© FURKART · CH 6491 FURKAPASSHÖHE · TELEFON 044 6 72 97

Photo: Christoph Rütimann

Rémy Zaugg
Projection 1988

© FURKART · CH 6491 FURKAPASSHÖHE · TELEFON 044 67297

Photo: Dominique Stroobant

Remy Zaugg   Furk'art 1988

Foto: Aufdi Aufdermauer

RICHARD LONG (*1945, Bristol) arbeitet grundsätzlich mit der Erfahrung des Ortes. Sein Beitrag wird darum auf einem persönlichen Umgang mit der Furkagegend, die ihm noch nicht vertraut ist, aufbauen. Man kennt Long als Künstler, der mit Fundstücken aus der Natur elementare Formen wie Kreis und Linie schafft, die im Ausstellungsraum potentiell einen plastischen Eingriff im Freien evozieren können. Seit 1981 entstehen auch Wandbilder, wo Schlammspuren auf einer klar bestimmten Fläche vom Einsatz des Körpers zeugen. Ende Saison möchte Long zusätzlich auf der Furka einen «Walk» unternehmen, einen jener Fussmärsche, die ohne Öffentlichkeit stattfinden und dem Kunstpublikum nur vermittelt durch Photographien oder Texte zugänglich sind. (Vom 11. bis 15. Juni)

LAWRENCE WEINER (*1942, USA), der zwischen New York und Amsterdam lebt, arbeitet aus dem Fundus der Sprache. Dennoch sind seine Werke essentiell plastisch, denn die Wörter und Sätze, aus welchen sie bestehen, schreiben sich in einen dreidimensionalem Kontext ein (kürzlich zu sehen anlässlich seiner Retrospektive im Stedelijk Museum Amsterdam, November 1988-Januar 1989). Die sprachliche Aussage erhält in ihrer bewussten Offenheit je nach Ort einen anderen Sinn, der sich umgekehrt wieder auf die Wahrnehmung dieses Ortes auswirkt. Weiner schlägt für FURKART eine Intervention im Freien vor und plant eine Arbeit zum Thema Zimmerschlüssel als typisches Hotelobjekt. (Vom 3. bis 8. Juli)

PANAMARENKO (*1940, Antwerpen) bewegt sich mit seinen flugzeugartigen Konstruktionen im komplexen Bereich zwischen Kunst, Technik und Naturwissenschaft. Der Rucksack, den er während eines längeren Aufenthalts an der FURKART 1984 entwickelt hat, sollte es endlich jedem Individuum erlauben, sich von der Schwerkraft zu befreien. Da sich die Gebirgslandschaft in geradezu idealer Weise als Ort für solche Höhenflüge für Körper und Geist anbietet, rechnet Panamarenko damit, dieses Jahr auf der Furka seine Versuche wieder aufzunehmen und den Apparat dank eines neuartigen Motors mit wesentlich herabgesetztem Gewicht zu perfektionieren. (Vom 10. bis 25. Juli)

GUENTHER FOERG (*1952, BRD) stellt — wie beispielsweise anlässlich seiner Ausstellung in der Kunsthalle Bern 1986 — Inszenierungen des Raums in Aussicht, die Photographie, bemalte Fläche und Architektur miteinbeziehen und zwischen den verschiedenen Ebenen einen Dialog ermöglichen. Durch eine Reflektion der Problematik um Durchblick und Perspektive (man sei an den Re-naissance-Theoretiker Alberti erinnert, der auch das G mälde als ein imaginäres Fenster zur Welt definiert h versucht Förg, die vielschichtigen Beziehungen z schen realem und virtuellem Raum unmittelbar erfahrb zu machen. Seine Arbeit auf der Furka wird den spez schen Gegebenheiten der Landschaft Rechnung trage (Vom 16. bis 22. Juli)

JOHN ARMLEDER (*1948, Genf) jongliert n Formelementen, die er hauptsächlich der geometrisch Abstraktion entleiht. Wissend um den Verlust der uto schen Ziele der Moderne, kombiniert er sie frei mit Trivia sierungen der Nachkriegszeit. Dieses post-modern tische Spiel der Dekonstruktion von Werten stellt «gelernten Regeln des Sehen-Könnens» in Frage (sie den Katalog zu seiner Ausstellung Kunstmuseum Winte thur/ARC Paris/Berlin 1987). Obwohl sich Armleder n malerweise der Festlegung auf eine bestimmte Techn entzieht, will er auf der Furka die von Olivier Mosset u Rémy Zaugg 1987 begonnene Serie von Malerei auf Le wand und Chassis als «Tradition» fortsetzen. (Vom 2 bis 27. Juli)

JAMES LEE BYARS (*1932, USA) ist mit Panamare ko der einzige unter den dieses Jahr auf der Furka arb tenden Künstlern, der mit den Örtlichkeiten vertaut i hat er doch hier bereits 1983 eine Performance mit de Titel «A Drop of Black Perfume» vorgeführt. Da Bya nicht nur vom speziellen Ort ausgeht, sondern es au versteht Dinge mit jener Magie aufzuladen, die nur d Künstler kraft der Aura der Kunst ihnen verleihen kar will er während seines diesjährigen Aufenthaltes neb einer im August stattfindenden Performance auch e plastisches Environment im ehemaligen Schreibzimm des Hotels realisieren. (Vom 30. Juli bis 3. August)

ANNA WINTELER (*1954 in Lausanne, in Basel bend) und MONICA KLINGLER (*1958 USA, lebt Zürich) wollen dieses Jahr auf der Furka ihre Zusamme arbeit wieder aufnehmen. Während Monica Klingler d Schwerpunkt auf die Performance zur Vermittlung c körperlichen Bewegung im Raum legt, hat sich Anna W teler in letzter Zeit hauptsächlich über das Video mani stiert. Ihre an der Ausstellung «Discours des Montagn à la mère» gezeigten Installationen (Kunsthalle Bas 1988) bedienten sich dieses Mediums als sei es ein Se mograph, der imstande ist Wellen zu übertragen, die z schen Bewegung und erlebtem Raum fliessen. Die beid Künstlerinnen planen eine gemeisame Arbeit (Perfo mance/Video) sowie möglicherweise zwei individue Interventionen. (Vom 2. bis 6. August)

WILLKOMMEN AUF DER FURKA   BIENVENUE A FURKART 1989   HO

1989: Schweizer Kulturstiftung Pro Helvetia, Kanton Uri, Canton du Valais, Ville de Genève, Kanton Basel-Stadt, Ministère de la Culture Flamande, Georges und Jenny Bloch-Stiftung, Cassinelli-Vogel-Stiftung, Fondation D'Este, Fondation Doron, Emil und Rosa Richterich-Beck Stiftung, Fédération des Coopératives Migros, Société des montres Ebel. 1988: Schweizer Kulturstiftung Pro Helvetia, Kanton Uri, Canton du Valais, Kanton Basel-Stadt, Kanton Luzern, Association Française d'Action Artistique, British Council, Stiftung Birsig, Migros-Genossenschafts-Bund, Pan-Gas Luzern, Fondation Richterich. 1987: Schweizer Kulturstiftung Pro Helvetia, Kanton Uri, Canton du Valais, Canton et Ville de Fribourg, Canton de Neuchâ- tel, Association Française d'Action risme, Le Richemond Genève, Socié der Ricola, Migros-Genossensch Genève, Stiftung Birsig für Kunst Canton d'Uri, Canton du Valais,

RICHARD LONG (*1945, Bristol), dont le travail est ...asé sur l'expérimentation des lieux, prévoit deux séjours ...r la Furka. Ne connaissant pas le site, il fera dépendre sa ...ontribution en juin de son approche particulière du pay...age. On sait que Long utilise en général les matériaux ...ruts comme des objets trouvés pour des environne...ents plastiques élémentaires, lignes ou cercles qui sug...erent, dans un espace architectural, une action poten...ellement située en extérieur. Depuis 1981, il réalise aussi ...es œuvres murales tracées à la boue au moyen d'em...reintes corporelles. Son second séjour (en septembre?) ...ra consacré à l'une de ses «marches» à l'écart du ...ublic, dont les résultats ne sont accessibles que par ...ntremise d'une documentation photographique ou ...tre (du 11 au 15 juin).

LAWRENCE WEINER (*1942, USA) qui vit entre ...ew York et Amsterdam, est un explorateur du langage. ...es œuvres n'en relèvent pas moins de la sculpture, puis...ue mots et phrases ne prennent forme que dans le con...xte à trois dimensions où ils s'inscrivent (récemment : ...ans le cadre d'une rétrospective au Stedelijk Museum ...'Amsterdam, novembre 1988-janvier 1989). Leur valeur ...émantique laissée délibérément ouverte est mise à ...preuve du site auquel elle vient s'adapter et influe en ...ême temps sur la perception de ce lieu. Pour FURKART, ...einer propose un travail en extérieur ainsi qu'une ré...exion sur un thème particulier aux hôtels : celui des ...orte-clés (du 3 au 8 juillet).

PANAMARENKO (*1940, Anvers) poursuit un tra...ail sur les relations étroites mais ambiguës entre ...cience, technique et art en construisant, par exemple, ...s fameuses machines volantes que l'on sait. La réalisa...on de son sac à dos, élaboré à l'occasion de FURKART ...n 1984, permettrait enfin à chaque individu de se libérer ...e la force de gravitation. La montagne se prêtant mer...eilleusement à de tels projets d'envol du corps et de ...esprit, Panamarenko compte reprendre ses essais sur la ...urka cette année et perfectionner son engin grâce à un ...ouveau moteur pastille qui devrait en alléger considéra...lement le poids (du 10 au 25 juillet).

GUENTHER FOERG (*1952, RFA) réalise (comme ...rs de son exposition à la Kunsthalle de Berne en 1986) ...es mises en scène tenant compte aussi bien de la sur...ace peinte, du champ photographique que de l'architec...ure, reflétant un thème qui semble bien être celui des ...fenêtres» et des perspectives données à voir (on se sou...ent que la peinture, telle que l'avait définie Alberti, est ...galement une fenêtre imaginaire sur le monde). Par son approche multimédiale, Förg cherche à rendre immédiatement perceptibles les complexes relations qui jouent entre structures spatiales réelles et virtuelles. Son intervention sur la Furka prendra en considération le paysage donné (du 16 au 22 juillet).

JOHN ARMLEDER (*1948, Genève) se sert de citations, puisant surtout dans le répertoire de formes élémentaires des abstractions géométriques pour en évacuer froidement le contenu utopique implicite. Par ce jeu post-moderniste de déconstruction des valeurs, Armleder met en question les «règles apprises du savoir-voir» : en effet, «un point peut en cacher un autre» (cf. cat. de son exposition Winterthour/ARC Paris/Berlin 1987). S'il use souvent de techniques mixtes, il entend sur la Furka privilégier la peinture, dans la «tradition» d'une série sur le thème toile/châssis initiée dans la dépendance de l'hôtel par Olivier Mosset et Rémy Zaugg (du 24 au 27 juillet).

JAMES LEE BYARS (*1932, USA) est, avec Panamarenko, le seul des artistes travaillant cette année sur la Furka qui soit familier des lieux, puisqu'il y avait déjà présenté en 1983 une performance intitulée «A Drop of Black Perfume». Intervenant non seulement sur le site, mais sachant également abandonner aux objets un peu de ce pouvoir magique mystérieux que seul l'art et son aura sont capables de leur conférer, Byars a l'intention de se produire sur la Furka par une nouvelle performance au mois d'août et de réaliser par ailleurs un environnement plastique ayant pour cadre l'ancien salon d'écriture de l'hôtel (du 30 juillet au 3 août).

ANNA WINTELER (*1954 Lausanne, vit à Bâle) et MONICA KLINGLER (*1958 USA, vit à Zurich) veulent reprendre cette année leur collaboration. Si le travail de Monica Klingler se concentre sur la performance comme moyen d'expression corporelle, Winteler s'est surtout manifestée, ces derniers temps, par l'intermédiaire de la vidéo. Ses installations présentées lors de son exposition «Discours des montagnes à la mère» (Kunsthalle Bâle 1988) utilisaient la vidéo comme une sorte de sismographe, capable de transmettre les ondes qui passent entre mouvement et espace vécu. Les deux artistes envisagent de réaliser un travail en commun (performance/vidéo) et peut-être, deux interventions individuelles (du 2 au 6 août).

...URKABLICK CH-6491 FURKAPASSHOEHE TELEFON 044 6 72 97

..., Office National Suisse du Tou-
...tres Ebel, Sanherb Tochterfirma
... Zürich, Hôtel Touring-Balance
... 1986 : Fondation Pro Helvetia,
... Berne, Association Française
d'Action Artistique, British Council, Ministère de la Culture Flamande, Alusingen Gmbh, Keller AG Ziegeleien, Fédération des Coopératives Migros. 1985 : Balthasar Burkardt, Dominique Stroobant. 1984 : Arnold Dorta, Thomas Dorta, Office National du Tourisme, Fondation Richterich, Swissair. 1983 : James Lee Byars.

Mes remerciements spécialement à M. D. Ammann, M. P. Bodenmann, Mme A. Bühler, Mme M. Barbier, M. et Mme L. Burckhardt, M. P. Comtesse, M. P. Gredinger et Mme H. Gübler, M. P. Gygi, M. A. L'Huillier, Mme M. Oeri, M. A. Richterich, M. P. Jollès, M. J. Sistovaris, ainsi qu'à toutes les personnes et amis qui ont permis la réalisation de ce projet et à tous les artistes que la Furka a inspirés.

Photographie : Hamish Fulton, Textes : Patricia Nussbaum, Layout : Franziska Schott & Marco Schibig, Impression : Ch. Cavin SA

Günter Förg
Deux reliefs, 1989

© FURKART · CH-6491 FURKAPASSHÖHE · TELEFON 044 6 72 97

Photo: Claude Joray

Richard Long
WIND LINE OVER THE FURKAPASS
A WESTWARD WALK
THE WIND DIRECTION AT EVERY HALF HOUR 1989

© FURKART · CH-6491 FURKAPASSHÖHE · TELEFON 044 6 72 97

Photo: Marco Schibig

Panamarenko
"Garage des Alpes" 1989

© FURKART · CH-6491 FURKAPASSHÖHE · TELEFON 044 6 72 97

Photo: Luc Deleu

Walk III
Installation vidéo, Anna Winteler
avec Monika Klingler 1989

© FURKART · CH-6491 FURKAPASSHÖHE · TELEFON 044 6 72 97

Photo: Anna Winteler

Daniel Buren
"La visée" Photos-souvenirs 1989

© FURKART · CH-6491 FURKAPASSHÖHE · TELEFON 044 6 72 97

Photo: Roland Aufdermauer

Furkart 1990 *Vito Acconci Ro*

Marc Luyten Mario Merz Niele Toroni

WILLKOMMEN AUF DER FURKA   BIENVENUE À FURKART 1990   H

VITO ACCONCI (*1940, USA) kommt von der Poesie her, die er als «Bewegung auf einem Blatt Papier» verstand. Ende der 60er Jahre ist er zu einer Kunstform gelangt, wo sich körperliche Präsenz und physische Wahrnehumg direkter mitteilen liessen. «Jumps» oder «Fall» aus dem Jahre 1969 sind dem body art verpflichtet und zeugen von einer Arbeit, die in einem Bereich zwischen unmittelbarer Aktion und Fotographie angesiedelt ist. Die Videos, Performances und Installationen der 70er Jahren gehen ebenfalls von Erlebnis aus, doch spielt jetzt die Hinterfragung, die Konfrontation mit Ort und Betrachter eine grössere Rolle. Diese Gegenüberstellungen können manchmal recht provokativ sein, wie in «Seedbed» von 1972. Immer mehr wird das Werk von einer kritischen Dimension bestimmt, welche die handelnde Person mit ihrem gesellschaftlichen Umfeld verbindet. Acconci besitzt die Fähigkeit, seine Ausdrucksmittel zwecks einer grösseren Präzision der Aussage zu erneuern. So stellt er seit den 80er Jahren Objekt-Skulpturen her, die wie «Instant Home» eine Art gesellschaftlicher Spielfallen darstellen, deren Motive der Sprache der Architektur oder der Natur entliehen sind, und die u.a. an seiner Ausstellung im MOMA 1989 zu sehen waren. Der Raum ist für ihn nicht bloss ein Ort, wo eine Ausstellung stattfindet, sondern eine Situation, auf die der Künstler gleichsam mit Schärfe und mit der Lust eines homo ludens reagieren muss.

ROGER ACKLING (*1947, London) schafft Werke, die gleichzeitig etwas mit «objets trouvés» und mit rituellen Objekten zu tun haben. Sie bestehen im allgemeinen aus dem schlichten, unprätentiösen Material Holz in seiner banalsten Ausprägung. Es sind Latten, alte Bretter oder unbedeutende Bruchstücke mit Spuren einer ehemaligen, nicht mehr feststehenden Verwendung, die einer künstlerischen Massnahme unterzogen werden. Die Arbeit daran ist minimal, repetitiv. Man stellt sich vor, dass sie viel Zeit und Ausdauer, ja Besessenheit erfordert. Diese Hinwendung führt die Dinge jedoch zu einer seltsamen Metamorphose; sie verwandeln sich von Abfallprodukten unserer Zivilisation (die Lévy-Strauss als eine «warme», im Gegensatz zu «kalten», d.h. sich weniger verändernde Zivilisationen gekennzeichnet hat) zu geheimnisvollen Erzeugnissen einer fremdartigen Kultur. Der qualitative Wandel geschieht unmerklich, ohne klar definierte Stadien, denn Ackling bedient sich dazu der Sonnenstrahlen: er bündelt sie mittels einer Lupe so lange, bis sich auf dem Holz Verbrennungspuren abzeichnen, und so stetig, dass sich regelmässige Linienmuster ergeben. Maserungen und Unebenheiten bleiben zwischen dem geometrischen Raster sichtbar. Das Material, das Ackling meist am selben Ort findet wo er es bearbeitet, erzählt daher eine dreifache Geschichte: die eines Raumes, die eines Gebrauchsobjekts und die seines neuerlangten Kulturwerts.

JOHN ARMLEDER (*1948, Genf) versteht es, mit Eleganz und scheinbar unbekümmert aus dem postmodernen Fundus zu schöpfen, den er uns zur Anschauung vorsetzt, wenn er Stil, Mode und Styling gleichberechtigt nebeneinander auf eine selbe Ebene stellt – die übrigens bei ihm auch dreidimensional sein kann. In seinen Arbeiten kann ein Stück Möbeldesign die Wand erobern, wie es der geneigte Betrachter von einem Kunstobjekt gewohnt ist; Das Motiv eines Teppichs vermag an «reine Malerei» zu erinnern, und umgekehrt besteht die Hauptfunktion von Malerei zuweilen darin, einem Kanapé zu grösstmöglicher Geltung zu verhelfen, obwohl sie vage Assoziationen zu Mondrian, Malewitsch oder andere Pionniere der Moderne wachruft. Dieser «Pot-pourri», wo Ausgangspunkte und Resultate durcheinander gebracht werden, hat einen leicht desillusionierten Beigeschmack, der gut in unsere Zeit passt. Er beinhaltet aber auch Elemente des Nachdenkens über die utopischen, gelegentlich abgerückten Ziele der Avantgarde mit deren oft nicht übertragbaren Inhalten und – wer weiss? – eine Prise Nostalgie für die Dinge, auf die der Blick fällt und Fragezeichen auftauchen.

TERRY FOX (*1943, USA) wendet sich seit 1968-1969 vor allem unbestimmten Orten zu, um den Raum zu «besetzen», ihn mit einer energetischen und regenerierenden Präsenz aufzuladen. Seine Arbeit ist an die eigenen physischen Emfindungen gebunden, selbstbezogen wie in der Serie der «Labyrinthe» von 1972-1978. Sie bezieht sich aber auch bewusst auf die sozio-kulturellen Aspekte, welche die Erfahrungen mitbestimmen. Seine Installationen, Videos und Performances haben einen ebenso privaten wie auch öffentlichen Charakter. Meist von alltäglichen, elementaren Materialien ausgehend, sind sie mehrschichtig, denn sie lassen Spielraum für die eigene Interpretation offen (es ist dem Künstler nicht wichtig, dass sich das Erlebte mit dem deckt, was wir daraus machen). Einige seiner Arbeiten stellen denno direkte Ansprüche an den Betrachter: «Catch Phrases» von 1985 oder d neuere «Textum (Web)» etwa teilen sich vollumfänglich nur einem aufme samen Leser mit, der bereit ist, die zu ihrer Dekodierung notwendige Zeit investieren. Auf seiner Suche nach einer universellen Kommunikation spi das akustische Moment eine wichtige Rolle. So bilden Klänge die Grundla seiner Performance «Isolation Unit» (1972 zusammen mit Beuys in Düss dorf realisiert), oder von «Linkage» (von welcher anlässlich seiner Ausst lung in Luzern 1982 eine Schallplattenaufnahme entstand), und mit Tön experimentieren will Fox auch in seinem «Locus harmonium» betitelten, die diesjährige FURKART vorgesehenen Beitrag.

MARK LUYTEN (*1955, Antwerpen), verbindet für sich das Konzept ein Künstlers mit dem eines Kunsthistorikers. Um den Kontakt zwischen Kul und Natur wieder aufzunehmen und Intellekt mit Sinnlichkeit zu versöhne lässt er seinen Blick von der Gegenwart in die Vergangenheit umhersch fen. Die Vergangenheit wird zum Substrat für seine Arbeit, die sich vor all mit dem kulturellen Erbe des 18.Jhs. in Literatur und Malerei beschäftigt. L ten setzt die Malerei zuweilen im Dialog mit (oder in Opposition zu) Fotog phien ein. Titel wie «Gewächshäuser», «Portraits», «Intermezzo», «Spazi gänge» oder «Die Vier Jahreszeiten» sind bezeichnend für seine Streifzü durch die Geschichte. Das Augenmerk ist besonders auf das kunstvoll ausg wogene Verhältnis gerichtet, welches das «grand siècle» zwischen unb rührter Landschaft und künstlich erschaffener Natur herzustellen wuss Die 1984 begonnene Serie der «Gewächshäuser» beispielsweise spricht ne geschützte Bereiche an, wo seltene Pflanzen gedeihen können; sie ste aber auch als Metapher für die prekäre Situation des Künstlers und seine A schirmung von alltäglicher Realität. Ebenso nimmt sich die ab 1988 dem Th ma Wintergarten gewidmete Serie «L'Orangerie» vor, eine integrale Welt einem wohlgehüteten Mikroklima mittels Kunst neu aufleben zu lassen.

MARIO MERZ (*1925, Mailand) strebt in seinem Schaffen nach einer o ganisch-naturhaften Einbindung, die bereits seine frühen Arbeiten aus d Jahren 1945-1963 von der damals leitenden Kunstströmung, dem Inform deutlich abhob. Noch als Maler nimmt Merz ab 1963 das Motiv der Spirale a Metapher des Wachstums auf, und gegen 1966-1967 findet er in den Ma rialien der «arte povera» sowie mit den ersten «Igloos» zu der ihm eigen Formensprache. Seit 1970 kommt durch das Integrieren der Fibonacci-Rei eine zusätzliche Dimension in das Werk; diese Formel erlaubt es ihm, sei als nomadisch begriffene, aber auch fest in der Erde wurzelnde Kunst mit e ner mathematischen Gesetzmässigkeit in Einklang zu bringen, die über Kun und Natur zugleich waltet (der berühmte Goldene Schnitt). Während die Igloos immer komplexer wurden, sich verdoppelten oder verdreifachten u mit Transparenzen spielen, ist Merz um 1977 zur Malerei zurückgekehrt, v nun urtümliche, wie aus der Vorzeit stammende Tiere Einzug halten. Die Suche nach Ursprünglichkeit, das Bedürfnis nach Authentizität drückt si aus in der Wahl der Materialien, die nicht nur elementar, sondern meist an O und Stelle seiner Realisationen gefunden sind.

NIELE TORONI (*1937, Tessin; lebt in Paris) malt mit verblüffender B harrlichkeit seit nun mehr als zwanzig Jahren (das Datum wurde mit eine sehr schönen Werkkatalog des «œuvre raisonnable» 1987 gefeiert) stets n «Spuren eines Pinsels Nr. 50, wiederholt in regelmässigen Abständen von cm». Der Eindruck, so etwas müsse ebenso langwierig zu vollstrecken w auch langwierig zu betrachten sein, wird durch die wundersame Frische w derlegt, die von seinen Werken ausgeht. Der Betrachter steht jedesmal v neuen Abdrücken, die einen lebhaften Dialog aufnehmen mit Ihrer Umg bung (- und plötzlich scheint es, als könne diese zuvor nur trist gewesen sei Die Tätigkeit selbst erscheint als fröhliche, manchmal ironische, zuweilen p rodierende Geste. Es ist ein Augenzwinkern, hinter dem man einen freche und zugleich verhaltenen Blick erahnt, und hinter dem behutsam gesetzt Farbmarkierungen wird eine grosse Aufräumaktion spürbar, die mit klei Retouschen an der Korrektur des Malermythos arbeitet. Seitdem die Grup BMPT (Buren/Mosset/Parmentier/Toroni) um 1967 zum Leben erwacht u ebenso phantomatisch wieder verschwunden ist, besitzen diese Spuren nes Pinsels Nr. 50 die Fähigkeit, sich ständig zu erneuern, um durch ihre Pr senz die verschiedensten Räume zu prägen. Wie beiläufig werden wir dar erinnert, dass wohl das Medium die Botschaft ausmacht, aber dass die sich mit Humor besser ertragen lässt.

GEORGES UND JENNY BLOCH-STIFTUNG   RÉPUBLIQUE ET CANTON DE GENÈVE   FÉDÉRATION DES COOPÉRATIVES MIGROS

FURKABLICK CH-6491 FURKAPASSHÖHE TELEFON 044 6 72 97

VITO ACCONCI (*1940, USA) est parti de la poésie, qu'il définissait comme «mouvements sur une page», pour se concentrer vers la fin des années 60 sur une forme d'art explorant d'une manière plus directe la présence physique, les expériences corporelles. «Jumps» ou «Fall» de 1969 relèvent du body art et témoignent d'une activité située quelque part à mi-chemin entre l'action et la photographie. Ses vidéos, installations ou performances des années 70 conservent la même importance du vécu, tout en questionnant aussi les rapports aux lieux et aux spectateurs. Les confrontations s'y font parfois provocatrices, comme dans «Seedbed» de 1972. De plus en plus, il entre dans l'œuvre une dimension critique qui relie la première personne à son contexte social. Acconci a su renouveler ses moyens d'expression pour rendre ses messages plus précis; depuis 1980, il crée des sculptures-objets comme «Instant Home», sortes de pièges à jeu qui utilisent des motifs basés sur le langage architectural ou empruntés à la nature, tels qu'on a pu les voir lors de son exposition au MOMA en 1989. L'espace compte pour beaucoup dans son travail. Ce n'est pas simplement pour lui le lieu d'une exposition, mais une situation à laquelle l'artiste se doit de réagir avec acuité et tout en jouant.

ROGER ACKLING (*1947, Londres) crée des œuvres qui participent à la fois de l'objet trouvé et de l'objet rituel. Elles sont faites à partir d'un matériau très pauvre, le bois, choisi sous ses formes les plus humbles. Ce sont des lattes de rebut, des planches vouées à l'oubli ou des fragments indéterminés portant les traces d'une ancienne utilisation désormais méconnaissable qu'Ackling soumet à une intervention artistique. Son travail est minimal, répétitif. On l'imagine long et patient, voire obstiné. Grâce à lui, les objets glissent imperceptiblement d'un état vers un autre, et de sous-produits résiduels de notre civilisation (que Lévy-Strauss a qualifiée de «chaude» par opposition à celles de type «froid», c'est-à-dire figées dans le temps) se transforment en choses magiques relevant d'une culture lointaine. Pour opérer cette métamorphose, l'artiste se sert simplement des rayons du soleil; il les focalise au moyen d'une loupe pour obtenir une marque de brûlure, et multiplie cette action pour former des alignements réguliers qui strient le bois tout en laissant visibles les accidents de parcours. Le matériau, récupéré par Ackling sur les lieux mêmes où il agit, raconte dès lors une triple histoire: celle d'un arbre, celle de son odyssée dans une région déterminée, et celle d'une nouvelle valeur culturelle.

JOHN ARMLEDER (*1948, Genève) se tire avec une apparente désinvolture et beaucoup d'élégance du pot-pourri post-moderniste auquel il nous confronte en juxtaposant style, mode et styling sur un même plan, parfois ailleurs à trois dimensions. En effet, chez lui le design peut se retrouver envahissant le mur comme un objet d'art; le motif d'un tapis peut évoquer la «peinture pure» alors qu'une peinture se contente souvent de garnir efficacement un dessus de canapé tout en faisant penser à Mondrian, Malévitch ou un autre pionnier de la modernité. Il y a dans cet imbroglio qui mêle sciemment points de départ et aboutissants un petit côté désabusé, bien de son temps. Mais il y a aussi une réflexion sur les contenus utopiques, parfois éthérés et incommunicables de l'avant-garde avec, qui sait, un zeste de nostalgie pour les objets sur lesquels le regard est posé et les points d'interrogation sont mis.

TERRY FOX (*1943, USA) utilise depuis 1968-1969 des espaces de préférence indéterminés pour «occuper» les lieux, leur conférer une présence énergétique et régénérante. C'est un travail lié aux propres sensations physiques de l'artiste, auto-référentiel comme dans la série des «Labyrinthes» de 1972-1978, mais aussi conscient des rapports socio-culturels qui interviennent dans l'expérience personnelle. Ses installations, vidéos ou performances ont un caractère à la fois privé et public. Souvent faites de matériaux simples, quotidiens, elles sont complexes aussi, comprenant plusieurs couches ouvertes à l'interprétation (il ne lui importe pas que ce qu'il a vécu se recouvre nécessairement avec ce qu'il nous montre et avec ce que nous en faisons). Certaines œuvres pourtant mettent le spectateur à l'épreuve. Ainsi, «Catch Phrases» de 1985 ou «Textum (Web)» de 1990 ne se révèlent dans leur pleine mesure qu'à un lecteur attentif, prêt à investir le temps requis pour les déchiffrer. Dans ses interventions, toujours à la recherche d'une communication universelle, l'acoustique joue un rôle privilégié. Le son est à la base de la performance «Isolation Unit» (réalisée en collaboration avec Beuys à Düsseldorf en 1972), ou encore de «Linkage» (qui a donné lieu à un enregistrement lors de son exposition à Lucerne en 1982), et sera également le thème du travail «Locus harmonium» prévu cette année pour FURKART.

MARK LUYTEN (*1955, Anvers), avec la conscience à la fois de l'artiste et de l'historien d'art, cherche à reprendre le contact entre culture et nature, à réunir intelligence et sensualité en laissant errer son regard du présent vers le passé. Le passé, littéraire ou pictural, est le substrat qui nourrit son travail. Luyten puise surtout dans l'héritage du XVIIIe siècle et fait parfois entrer la peinture en dialogue ou en opposition avec des photographies. Les titres de ses séries, «Serres», «Portraits», «Intermezzo», «Promenades» ou «Les Quatre Saisons», sont évocateurs de ses explorations à travers le temps. La réflexion se porte sur le savant mélange, propre au «grand siècle», entre nature sauvage et paysage artificiel. La série des «Serres» par exemple, initiée en 1984, suggère ces espaces protégés qui permettent aux plantes rares de se développer, mais vaut aussi par la métaphore mettant ces lieux en parallèle avec la situation précaire de l'artiste et son retranchement des réalités quotidiennes. De même, «L'Orangerie», série consacrée depuis 1988 aux jardins d'hiver, fait revivre, ou réinvente par l'art un monde intégral dans un microcosme bien gardé.

MARIO MERZ (*1925, Milan) poursuit une recherche qui, dès ses débuts en 1945-1963, se distinguait déjà des préoccupations dominantes de l'époque — c'était alors l'informel — par sa quête d'organicité. Peintre au départ, Merz fait apparaître dans son travail dès 1963 le motif de la spirale comme métaphore de la croissance, et trouve vers 1966-1967 dans les matériaux de l'«arte povera» ainsi qu'avec les premiers «iglous» son expression propre. La formule de Fibonacci, incorporée à son œuvre depuis 1970, lui a permis d'ajouter à sa notion d'un art transitoire et pourtant fermement rattaché à la terre celle d'une loi mathématique régissant à la fois la nature et l'art (la fameuse règle d'or). En même temps que ses «iglous» se faisaient plus complexes, se dédoublaient ou se triplaient en jouant des transparences, Merz est revenu à la peinture vers 1977 et a introduit dans son vocabulaire iconographique des animaux de la préhistoire. Cette recherche des origines, ce besoin d'authenticité est perceptible jusque dans le choix des matériaux employés, non seulement élémentaires mais trouvés in situ.

NIELE TORONI (*1937, Tessin; vit à Paris) propose avec une stupéfiante opiniâtreté, et ce depuis plus de vingt ans (célébrés en 1987 par un magnifique catalogue de l'«œuvre raisonnable»), des «empreintes de pinceau n° 50 répétées à 30 cm d'intervalle». Ce qui pourrait paraître à prime abord fastidieux à faire et ennuyeux à voir est en fait démenti par l'aspect de miraculeuse fraîcheur émanant des œuvres elles-mêmes. On se retrouve à chaque fois devant quelque chose de neuf, en dialogue avec l'espace donné (qui soudain semble n'avoir pu être que triste auparavant), et le geste lui-même paraît gai, parodique parfois, ironique souvent. On soupçonne le regard par en dessous, pudique mais résolu, un grand coup de patte, un coup de balai nouveau, apporté par petites touches à la rectification du mythe du peintre. Depuis l'émergence et la fantomatique disparition du groupe BMPT (Buren/Mosset/Parmentier/Toroni), ces empreintes ont la capacité de se renouveler pour marquer de leur présence les lieux les plus divers et pour nous rappeler que, si c'est le médium qui fait le message, c'est l'humour qui le fait passer.

Photographies: John Hilliard, Textes: Patricia Nussbaum, Layout: Franziska Schött & Marco Schibig, Impression: Ch. Cavin SA

TIA Ricola Consiglio di Stato del Cantone Ticino   Regierungsrat des Kantons Uri   DÉPARTEMENT DE L'INSTRUCTION PUBLIQUE

oger Ackling John Armleder Terry Fox

Juli August September Furkapasshöhe

Roger Ackling
August 1990

© FURKART · CH 6491 FURKAPASSHÖHE · TELEFON 044 67297

Photo: Marco Schibig

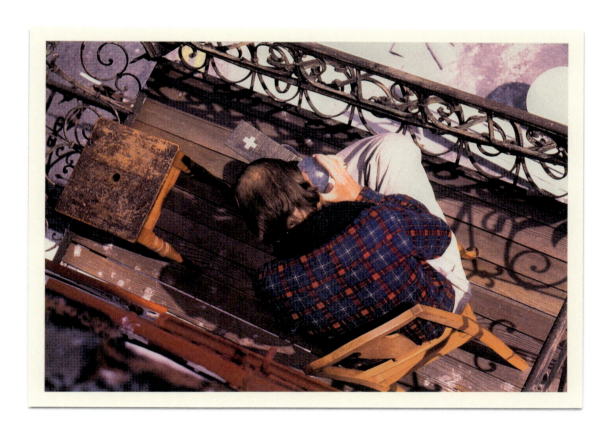

Roger Ackling
25 août 1990

© FURKART · CH-6491 FURKAPASSHÖHE · TELEFON 044 6 72 97

Photo: Dominique Stroobant

John Armleder
"Furniture Paintings" 1990

© FURKART · CH-6491 FURKAPASSHÖHE · TEL. 041 887 07 17 (AB MÄRZ 1996)

Photo: Stephan Rohner

Terry Fox
Performance, 11 août 1990

© FURKART · CH-6491 FURKAPASSHÖHE · TELEFON 044 6 72 97

Photo: Karin Wegmüller

Terry Fox
"*Locus Harmonium*"
11 août 1990

© FURKART · CH-6491 FURKAPASSHÖHE · TELEFON 044 6 72 97

Photo: Sigmar Gassert

Mark Luyten
"L'orangerie VI"
Installation 1990

© FURKART · CH-6491 FURKAPASSHÖHE · TELEFON 044 6 72 97

Photo: Mark Luyten

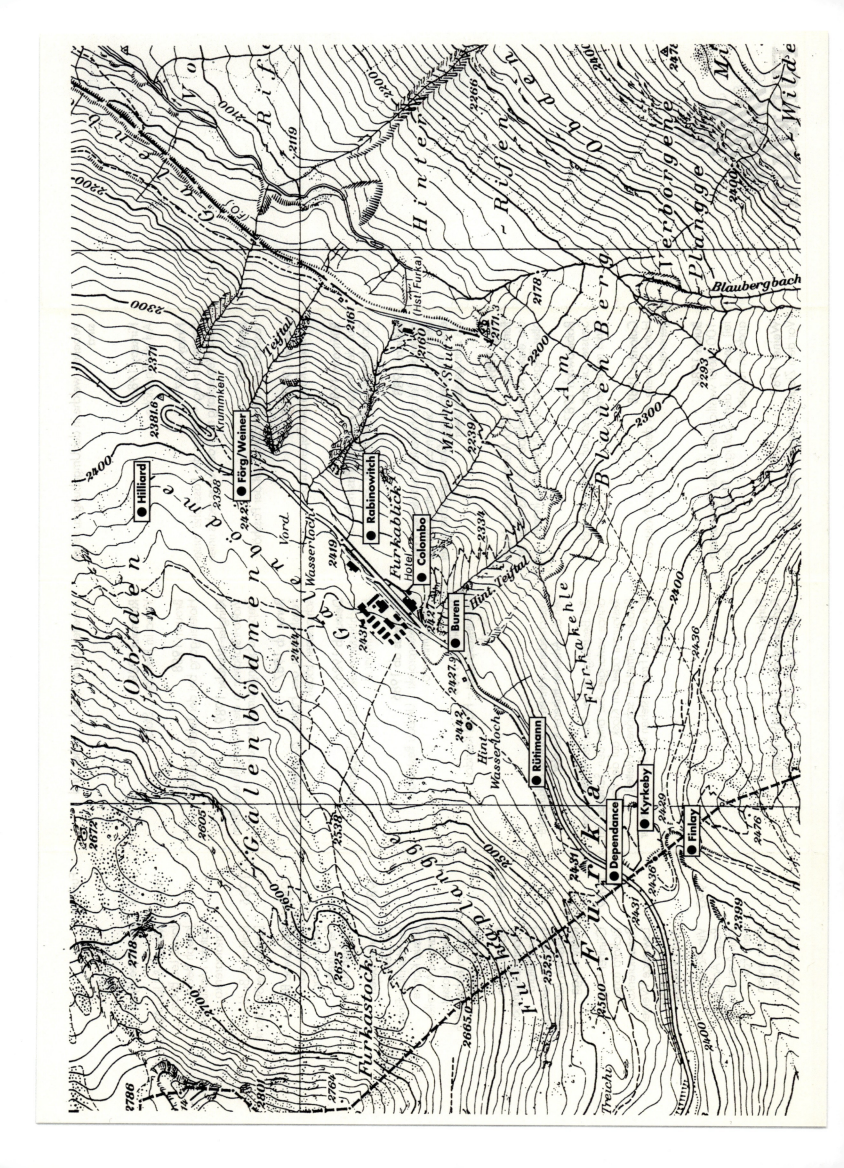

Furk'art

1983	James Lee Byars
1984	Marina & Ulay Abramovic James Lee Byars Joseph Beuys Yataka Matsuzawa Panamarenko
1985	Balthasar Burkhard Dominique Stroobant
1986	Guillaume Bijl Res Ingold Jean le Gac Per Kirkeby Hamish Fulton
1987	Daniel Buren Luc Deleu Ian Hamilton Finlay Kasuo Katase François Morellet Olivier Mosset Royden Rabinovitch Michel Ritter
1988	Daniel Buren Gianni Colombo John Hilliard Rainer Ruthenbeck Christoph Rütimann Rémy Zaugg
1989	Günther Förg Richard Long Panamarenko Lawrence Weiner Monica Klingler Anna Winteler
1990	Vito Acconci Roger Ackling John Armleder Terry Fox Marc Luyten Mario Merz Niele Toroni

Arbeiten, die im Hotel zu sehen sind

Rütimann 1988
Video im Korridor 1. Stock

Brouwn 1988
Hoteleingang bei der Telefonkabine

Klingler-Winteler 1989
Video-Installation in der Hotelhalle und beim Treppenabgang zum Restaurant

Buren ab 1987
Fensterläden des Hotels, zu sehen bei geschlossenen Läden

Deleu ab 1986
Architekturprojekt – Umbau Dependance Hotel Zimmer 5

Koolhaas ab 1986
Architekturprojekt – Umbau Restaurant Hotel Zimmer 6

Max Bill ab 1988
Architekturprojekt – Hotel Korridor 1. Stock

Verschiedene Vitrinen im Hause dokumentieren die Arbeiten früherer Künstler.

Zur Besichtigung der Arbeiten in der Dependance verlangen Sie bitte den Schlüssel im Restaurant oder am Kiosk auf der Passhöhe. (Kiosk geöffnet bei schönem Wetter).
Für weitere Fragen stehen wir Ihnen gerne zur Verfügung.

Furk'art
Furkapasshöhe, CH-6491 Realp
Telefon: 044 6 72 97

Arbeiten, welche in der Umgebung zu sehen sind

Kirkeby 1986
Auf der Passhöhe

Finlay 1987
Panoramaweg – Hinter der Passhöhe runter dem Weg entlang nach der Kurve rechts unten

Long 1989
Fassade der Dependance auf der Passhöhe

Mosset 1987/88
Im linken Raum der Dependance

Rütimann 1988
Auf der Strasse Richtung Passhöhe in der Schieferwand auf der rechten Seite

Hilliard 1988
Hinter dem Refuge Furka führt ein kleiner Weg bergwärts, den Stromasten entlang bis zu einer Wasserfassung. Dort halbrechts runter bis zum grossen Stein.

Förg 1989
Furkastrasse ca. 400 Meter talwärts. Nach der ersten Kurve befindet sich links oben ein alter Ziegenstall. Die Arbeit ist im Innern.

Rabinowitch 1987
Strasse talwärts und auf Höhe des Refuge Furka rechts runter.

Colombo 1988
Hotel Südseite, auf dem Dach des Notstromgenerators

Buren 1988
100 Meter westlich des Hotels (Panoramatafel) und auf dem Stotzigen Firsten auf der anderen Talseite

Weiner 1989
Vor dem Ziegenstall (siehe Förg 1989)

FURK'ART
CH6491 Furkapasshöhe

Arbeiten, welche in der Umgebung zu sehen sind

Kirkeby 1986
Auf der Passhöhe

Finlay 1987
Panoramaweg – Hinter der Passhöhe runter dem Weg entlang nach der Kurve rechts unten

Long 1989
Fassade der Dependance auf der Passhöhe

Mosset 1987/88
Im linken Raum der Dependance

Rütimann 1988
Auf der Strasse Richtung Passhöhe in der Schieferwand auf der rechten Seite

Hilliard 1988
Hinter dem Refuge Furka führt ein kleiner Weg bergwärts, den Strommasten entlang bis zu einer Wasserfassung. Dort halbrechts runter bis zum grossen Stein.

Förg 1989
Furkastrasse ca. 400 Meter talwärts. Nach der ersten Kurve befindet sich links oben ein alter Ziegenstall. Die Arbeit ist im Innern.

Rabinowitch 1987
Strasse talwärts und auf Höhe des Refuge Furka rechts runter.

Colombo 1988
Hotel Südseite, auf dem Dach des Notstromgenerators

Buren 1988
100 Meter westlich des Hotels (Panoramatafel) und auf dem Stotzigen Firsten auf der anderen Talseite

Weiner 1989
Vor dem Ziegenstall (siehe Förg 1989)

Niele Toroni
Intervention Furkapasshöhe 1990

© FURKART · CH-6491 FURKAPASSHÖHE · TELEFON 044 672 97

Photo: Roland Aufdermauer

Niele Toroni
Empreintes de pinceau n° 50 répétées à intervalles réguliers (30 cm) 1990

© FURKART · CH-6491 FURKAPASSHÖHE · TELEFON 044 6 72 97

Photo: Marco Schibig

Lawrence Weiner
"Covered by clouds" 1989

© FURKART · CH-6491 FURKAPASSHÖHE · TELEFON 044 6 72 97

Photo: Dominique Stroobant

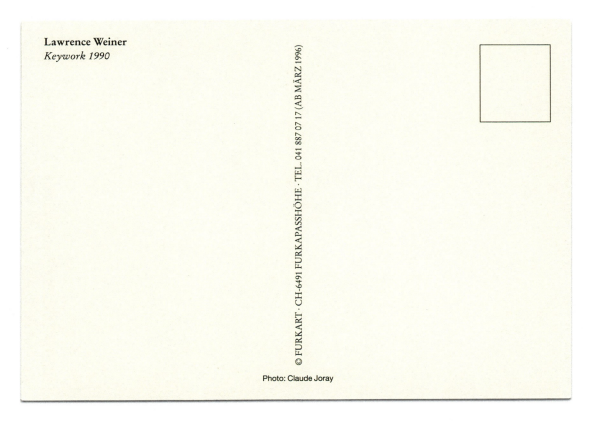

Covered by Clouds (titre original)

RENOVATION HO

OFFICE FOR **M**ETROP

EL FURKABLICK

ITAN **A**RCHITECTURE

VORGESCHICHTE

1983 Erste künstlerische Aktivitäten der FURKART

1985 Inventarisierung und Reflexion über die Nutzungsmöglichkeiten der vorhandenen Gebäude und Freiflächen.

1986 Anlässlich der Veranstaltung Post-CIAM (CIAM="Congrès Internationaux d'Architecture Moderne", La Sarraz 1928 - Otterlo 1959) Besuch von Rem Koolhaas.

1987 Herauskristallisierung dreier Architekturaufträge: drei Orte, drei Architekten, drei Generationen:
Max Bill (1908, CH) für die Neuaufwertung der Passhöhe
Luc Deleu (1944, B) für die Umstrukturierung der sog. "Dependenz" des ehemaligen Hotels *Passhöhe*
John Hejduk (1929, USA) für die Umnutzung des Hotels *Furkablick*
Anfangs September kurzer Besuch von John Hejduk, der den ihm erteilten Auftrag ablehnt. Mehrere Aufenthalte an Ort von Max Bill und Luc Deleu.
Rem Koolhaas und das O.M.A. erklären sich bereit, sich einzuschalten.*

1988 Festlegen erster Vorprojekte. Anfang April Besichtigung des Bauplatzes durch Rem Koolhaas und Partner Jeroen Thomas. Renovierung des Untergeschosses des östlichen Bautrakts.

1989 Einreichen der definitiven Baupläne am 21. März. Beginn der Arbeiten am älteren Gebäudeteil und Abschluss des Rohbaus.

1990 Verzug der Bauarbeiten infolge des heftigen Sturms im Februar. Erneuerung des Dachs des älteren Gebäudes und Instandstellung der Fassaden.

1991 Ende des Umbaus am 18. Juli.

* Von Anfang an war die Festlegung eines Programms von einer gewissen Ambiguität bestimmt: einerseits erlaubt die klare Abgrenzung der beiden existierenden Baukörper, die im Abstand von 10 Jahren errichtet worden sind, eine dritte Intervention. Andrerseits waren die finanziellen Möglichkeiten begrenzt. Ich habe daher beschlossen, 1/3 des Kapitals für den Ankauf, 1/3 für Unterhalt und Anpassung an heute geltende Normen und ein 1/3 für den Umbau aufzuwenden. Wir waren uns zudem darüber einig, dass der Hoteltrakt von 1903 zu respektieren sei.

Herzlichsten Dank dem O.M.A. für den enthusiastischen Einsatz und der Uhrenfirma EBEL SA für ihre Finanzierungshilfe; ebenso allen Personen, die in irgendeiner Form an diesem Projekt beteiligt waren, allen Handwerkern, die seine Realisierung erst ermöglicht haben.

Marc Hostettler, Juni 1991

PRESSEKONFERENZ

Es würde uns freuen, Sie anlässlich der Einweihung der neuen Baulichkeiten in Anwesenheit von Rem Koolhaas Donnerstag den 18. Juli 1991 um 11 Uhr begrüssen zu dürfen und Ihnen bei diesem Anlass das Programm der künstlerischen Aktivitäten '91 vorzustellen.

Goeschenen - Furka 40 Minuten
Brig - Furka 60 Minuten

PREFACE

1983 First artistic activities of FURKART.

1985 Inventory of and reflection upon the use of available volumes and surfaces.

1986 Post-CIAM (International Congress of Modern Architecture; La Sarraz 1928 - Otterlo 1959). Visit by Rem Koolhaas.

1987 Definition of three assignments:
Three locations, three architects, three generations:
Max Bill 1908 CH, Rehabilitation of the summit of the mountain pass.
Luc Deleu 1944 B, Reorganisation of the Passhöhe building.
John Hejduk 1929 USA, Transformation of the Furkablick Hotel.
Early September: A short visit from John Hejduk who declines invitation to participate. Several visits from Bill and Deleu.
Rem Koolhaas and O.M.A. agree to undertake the project.*

1988 Early April: After the preliminary plans, visit from Rem Koolhaas and Jeroen Thomas. Renovation of the basement.

1989 Submission of the definitive plans on March 21st.; beginning of work on the old building, completion of main structure.

1990 Construction delay due to February storm, restoration of roof and facade of old building.

1991 July 18th: Conclusion of project.

* From the first meeting the definition of the project was slightly ambiguous. The uncompromising juxtaposition of the two existing edifices built with an interval of ten years permitted a third intervention. The economic situation of the site, however, obliged me to retain a certain lucidity. Thus, I decided to invest one-third of the capital for the acquisition, one-third for the maitenance and adaptation to today's norms, and one-third for the transformation. In addition, we agreed to respect the 1903 hotel.

My sincere thanks for the enthusiasm shown by the O.M.A.; to the watch company EBEL SA for its participation, as well as to all of the individuals and artisans who were closely or distantly associated with this project.

Marc Hostettler   June 1991

PRESS CONFERENCE

We would be pleased to welcome you on Thursday, July 18th., 1991, at 11:00 a.m. for the inauguration of the buildings in the presence of Rem Koolhaas and the presentation of the artistic activities calendar for 1991.

Goeschenen-Furka   40 Minutes
Brig-Furka   60 Minutes

view from east before renovation

HISTOIRE

1983 Premières activités artistiques de FURKART

1985 Inventaire et réflexion sur l'utilisation des volumes et surfaces disponibles.

1986 Post-CIAM (Congrès Internationaux d'Architecture Moderne; La Sarraz 1928-Otterlo 1959). Visite de Rem Koolhaas

1987 Définition de trois mandats:
Trois lieux, trois architectes, trois générations:
Max Bill 1908 CH, réhabilitation du sommet du col.
Luc Deleu 1944 B, restructuration de la dépendance Passhöhe.
John Hejduk 1929 USA, transformation Hôtel Furkablick.
Début septembre courte visite de John Hejduk qui refuse d'assumer ce mandat.
Plusieurs visites de Bill et Deleu.
Rem Koolhaas et O.M.A. acceptent d'entrer en matière. *

1988 Début avril, après les avant-projets visite de Rem Koolhaas et de Jeroen Thomas. Rénovation des sous-sol.

1989 Dépôt des plans définitifs le 21 mars, début des travaux dans l'ancien bâtiment, fin du gros oeuvre.

1990 Retard du chantier dû à la tempête de février, remise à neuf de la toiture du vieux bâtiment et façades.

1991 18 juillet fin du chantier.

* Dès la première rencontre la définition d'un programme a été quelque peu ambigüe. La juxtaposition sans compromis des deux corps existants construits à dix ans d'intervalle a permis une troisième intervention. Toutefois la situation économique du lieu oblige à une certaine lucidité. J'ai donc décidé d'investir 1/3 du capital pour l'acquisition; 1/3 pour l'entretien et la remise aux normes actuelles et 1/3 pour la transformation. De plus, nous étions d'accord de respecter le bâtiment de l'Hôtel 1903.

Mes remerciements sincères pour l'entousiasme de OMA, à la société Ebel pour sa participation ainsi qu'à toutes les personnes et artisans qui ont été de près ou de loin liés à ce projet.

Marc Hostettler

CONFERENCE DE PRESSE

Nous serions heureux de vous recevoir le jeudi 18 juillet 1991 à 11h00 pour l'inauguration des bâtiments en présence de Rem Koolhaas et présentation des activités artistiques 91

Goeschenen-Furka 40 min.
Brig-Furka 60 min.

En 1987, OMA fut invité à contribuer à la rénovation de l'hôtel Furkablick. Resté à l'abandon pendant près d'une décade, ce bâtiment venait d'être remis en fonction, servant d'hôtel et d'accueil à des expériences et réalisations artistiques.

Le bâtiment initial de l'hôtel, construit en 1892, était une auberge de dix chambres conçue pour héberger les voyageurs de passage durant la saison d'été. Dix ans plus tard y fut adjoint un volume annexe plus vaste, comprenant 27 chambres, une cuisine ainsi qu'une magnifique salle à manger carrée, réutilisée aujourd'hui comme "salon artistique".

Ce qui a de prime abord retenu l'attention d'OMA, c'est le programme presque ambigu de l'hôtel Furkablick, son mélange d'artistes et de touristes - cyclistes en sueur et "poètes" réunis. D'une part, un lieu presque intime, isolé et propice à la réflexion artistique, d'autre part une étape touristique et pittoresque au sommet du col de la Furka, où l'on s'arrête brièvement, prend une photo, admire le paysage. Tout nouveau développement devait tenir compte de ces deux publics différents, artistes en résidence et visiteurs de passage.

Face à l'état d'authenticité de ce grand "cube" - rien dans les chambres n'avait été changé - nous avons décidé de n'intervenir que par la création d'un nouveau restaurant dans la partie la plus ancienne du bâtiment - une modernisation "concentrée" de l'hôtel. Nous avons ouvert une partie de la façade sud afin de permettre une vue panoramique sur le paysage, et créé dans la même intention un balcon que se projette vers la vallée. Un bloc mural bétonné traverse la paroi vitrée à l'angle droit, faisant office de bar pour l'intérieur comme pour le balcon. Un escalier permet d'accéder du restaurant au vide en-dessous. Les étages supérieurs sont réservés à l'hébergement du personnel hôtelier.

Artistes et hôtes pour la nuit sont logés dans le volume annexe de 1903, demeuré intact avec son mobilier d'origine. Ici, l'intervention d'OMA s'est limitée au strict nécessaire: murs anti-feu, toilettes et douches supplémentaires. La cuisine du sous-sol a été agrandie et rénovée de façon à permettre l'installation d'un équipement d'occasion tout en maintenant l'ancien fourneau. Cette cuisine est reliée au restaurant de l'autre corps de bâtiment par un "robot ménager" spécial. Les deux parties ont reçu une nouvelle toiture.

O.M.A.

Im Jahr 1987 wurde OMA eingeladen, sich an der Renovation des Hotels Furkablick zu beteiligen. Das Gebäude war kurz zuvor neu in Betrieb genommen worden, nachdem es fast zehn Jahre lang leergestanden hatte, und diente nun als Hotel sowie als Raum für Experimente und Realisierungen bildender Kunst.

Das ursprüngliche, 1892 errichtete Hotel wies 10 Zimmer auf. Zuoberst an der Passroute gelegen, die nur während den Sommermonaten offen ist, war es als Herberge für Durchreisende konzipiert. Zehn Jahre später wurde ihm ein grosser Erweiterungsbau angefügt, mit 27 Zimmern, einer Küche und dem prachtvollen quadratischen Speisesaal, der heute als "Kunstsalon" Verwendung findet.

Was OMA am Hotel Furkablick zunächst begeisterte, war die ambivalente Zusammensetzung seiner Benutzer. Touristen und Künstler, schwitzende Radfahrer und "Poeten". Einerseits ist es ein abgelegener Ort der künstlerischen Besinnung, andrerseits ein markanter, pittoresker Punkt an der Passtrasse, wo man eben als Tourist einen Halt macht, ein Foto knipst und die Landschaft bewundert. Jede neue Entwicklung sollte das Zusammengehen dieser beiden Gruppen, Kunstschaffende und Passanten, weiterhin im Auge behalten.

In Anbetracht des guten Erhaltungszustandes dieses grossen "Quaders" - die Räume sind überhaupt nicht verändert worden - haben wir uns entschlossen, die baulichen Massnahmen auf die Schaffung eines neuen Restaurants im älteren Gebäudeteil zu beschränken - auf eine "konzentrierte" Renovation des Hotels. Durch das Herausbrechen eines Teils der Südfassade wurde freie Sicht auf die Landschaft gewonnen. Noch mehr Panorama bietet der neu erstellte, gegen das Tal hin aus ragende Balkon. Eine halbhohe Betonmauer durchdringt die Glasfront rechtwinklig und dient als Theke sowohl der Terrasse wie auch des Innenraums. Eine Treppe verbindet das Restaurant mit dem leeren Raum darunter. Die Obergeschosse dieses Gebäudeteils dienen als Wohnräume für das Hotelpersonal.

Kunstschaffende und übernachtende Touristen werden im Hoteltrakt von 1903 mit seinen die ursprüngliche Ausstattung aufweisenden Zimmern untergebracht. Hier haben wir nur die allernotwendigsten Eingriffe vorgenommen: Brandschutz, zusätzliche Toiletten und Duschen. Die Küche im Untergeschoss wurde vergrössert und derart renoviert, dass unter Beibehaltung des ursprünglichen Herdes eine von anderswo übernommene Einrichtung installiert werden konnte. Die Küche ist durch einen speziell konstruierten "Bedienungsroboter" mit dem Restaurant im Altbau verbunden. Auf beide Gebäudeteile kam ein neues Dach.

O.M.A.

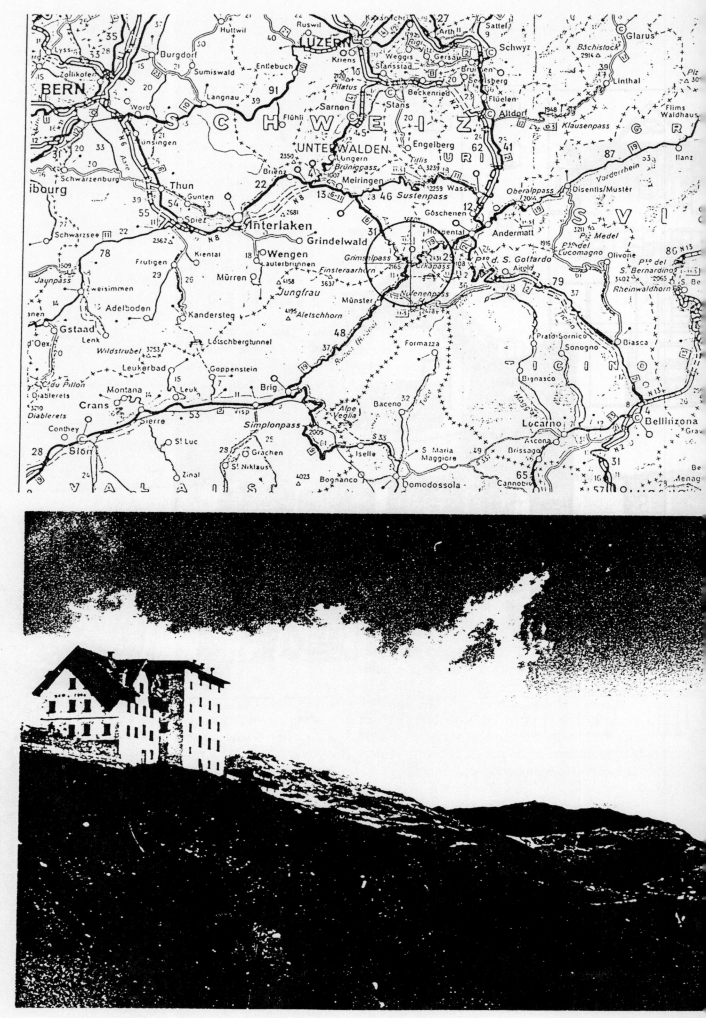

view from southwest before renovation

In 1987, OMA was asked to participate in the renovation of Hotel Furkablick, near the summit of Furkapasse. The building, which had been vacant for nearly 10 years, had recently reopened as a hotel and a retreat for artisitic experimentation and realization.

The original Hotel, built in 1892, functioned as a ten-room travellers' cottage open only during the summer months. Ten years later, an extension was built, adding 27 rooms, kitchen and a magnificent square dining room which had already been reused as an artistic "salon".

OMA's initial excitement with the Furka Blick Hotel was with its mixture of tourists and artists - sweaty cyclists and "poets". On the one hand, it functioned as a remote, private escape, while on the other, it marked the most picturesque vantage point for tourists traveling along the route over the pass - the point to stop, take a photograph, enjoy the landscape. Any new development would still accomodate both artists and these transient visitors.

Considering the authentic condition of the large "cube" - the rooms had not been changed at all - we decided to limit our interventions to the creation of a new restaurant in the old building - a "concentrated" modernization of the hotel. By carving out a piece of the southern facade, a panoramic view of the landscape was created. The view is further exploited with a balcony extending towards the valley. A concrete slab/bar cuts through the glass wall at an angle, serving both the interior restaurant and the balcony. A stairway leads from the restaurant to the void below. The upper floors of the old building function as living quarters for hotel personnel.

The restaurant is served by the basement kitchen in the "new building" - the 1903 addition - connected by a special service "robot". The kitchen has been enlarged and renovated in a manner which provides the opportunity to install second hand equipment, but maintain the existing furnace.

The artists and overnight guests are housed above, in the original hotel rooms, where OMA intervened only with the necessary additions of fire separations, additional toilets and showers, and new roofs on both parts of the building.

O.M.A.

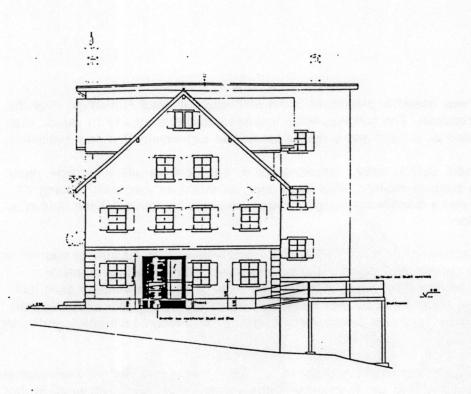

west elevation with proposed changes

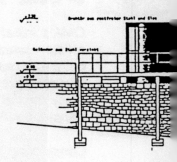

south elevation with pr

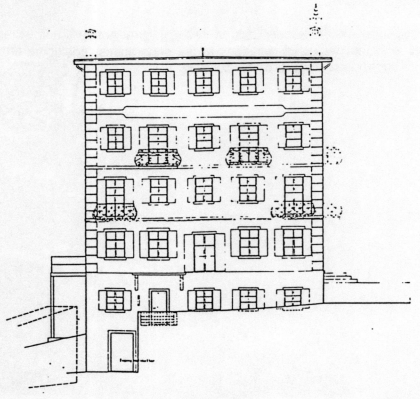

east elevation with proposed changes

north ele

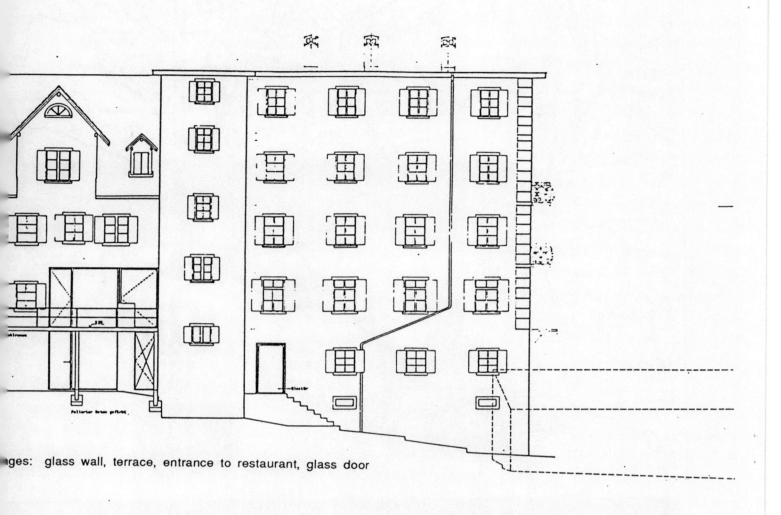

changes: glass wall, terrace, entrance to restaurant, glass door

proposed changes

ew of south facade under construction with glass wall and concrete slab/bar

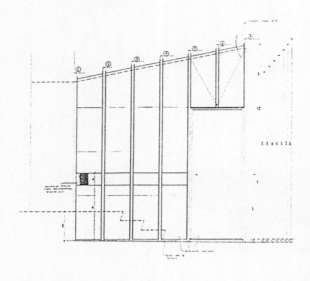

elevation: new entrance to restaurant

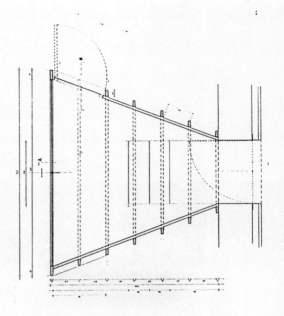

plan: new entrance to restaurant

view of glass wall, concrete slab/bar during construction

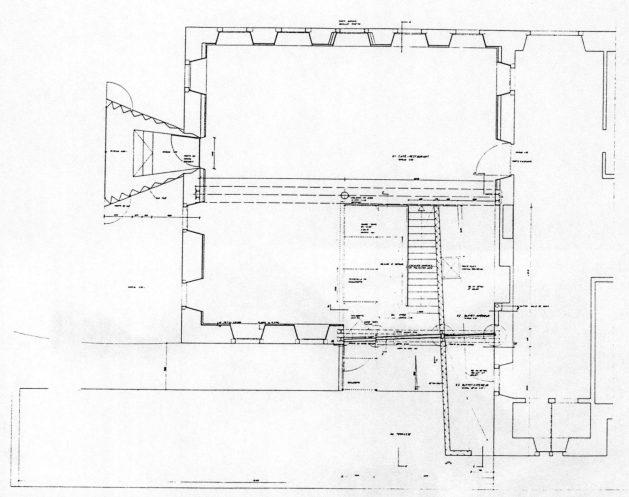

plan of restaurant with first proposal for entrance

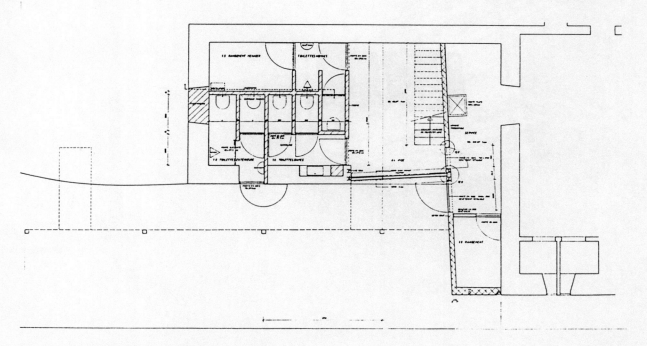

plan of restaurant basement

view from restaurant during construction

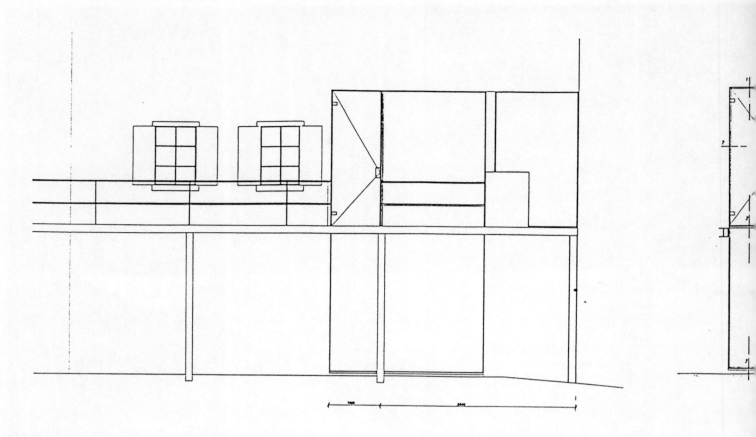

detail of south elevation with glass wall, concrete slab/bar and balcony

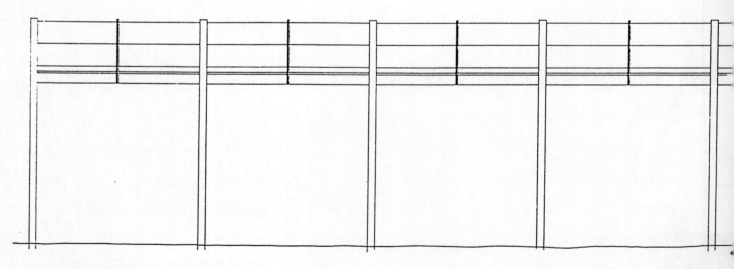

elevation of balcony

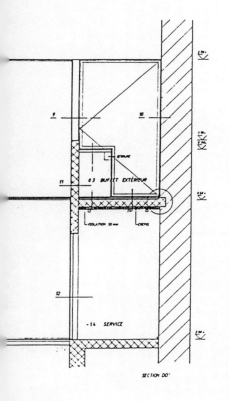
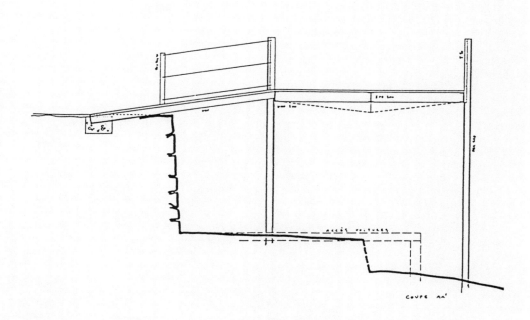

section: balcony

view from beneath balcony during construction

view from west during construction

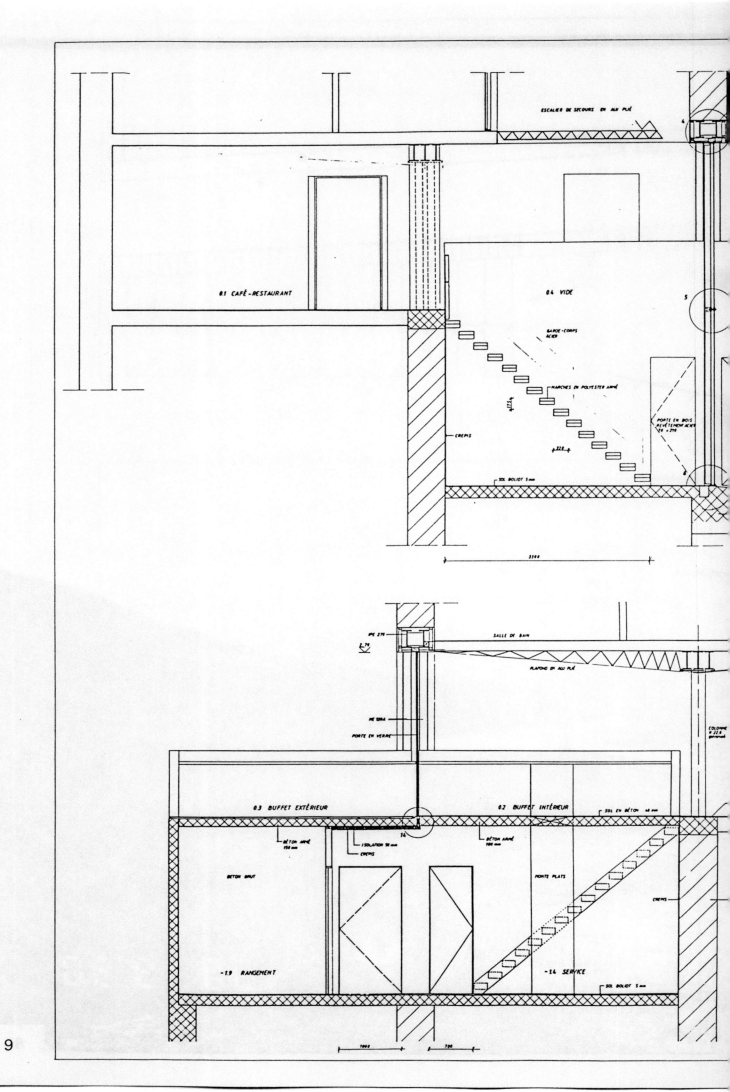

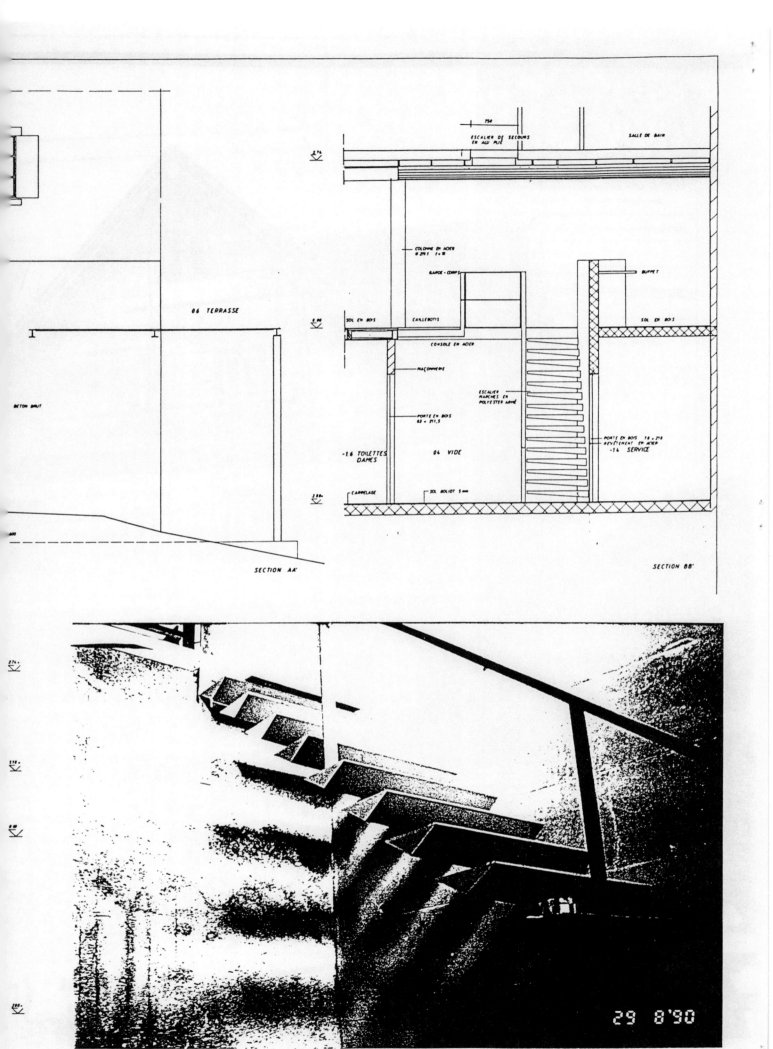

stairs leading from restaurant into void

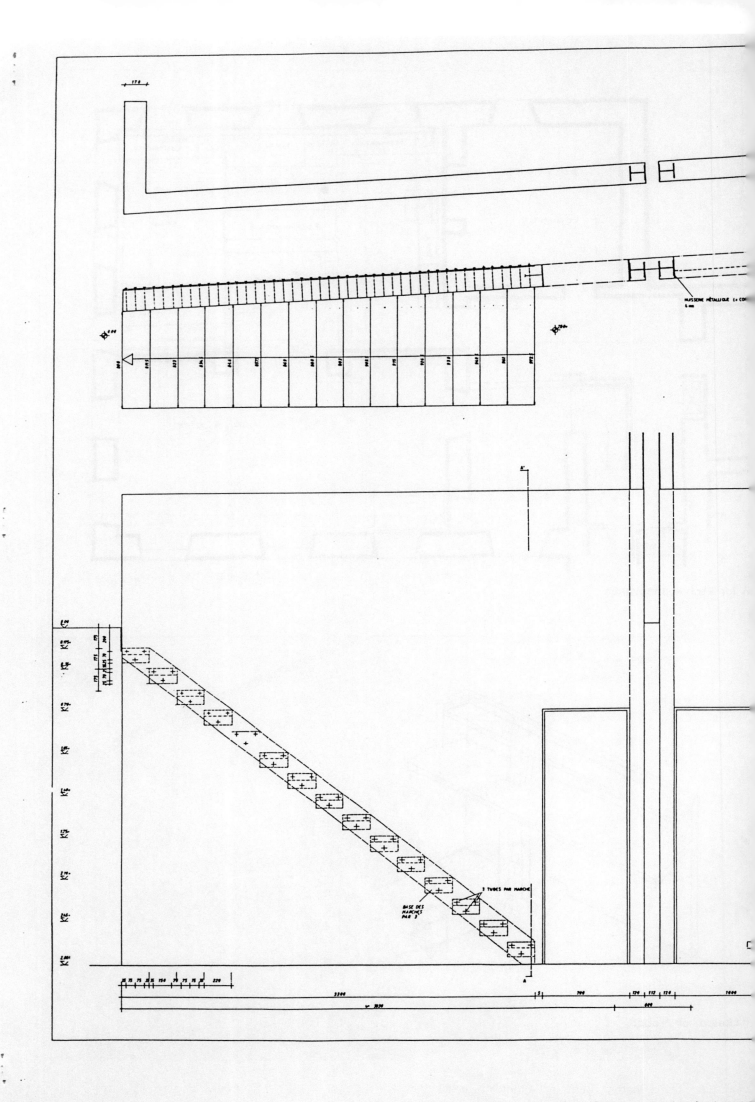

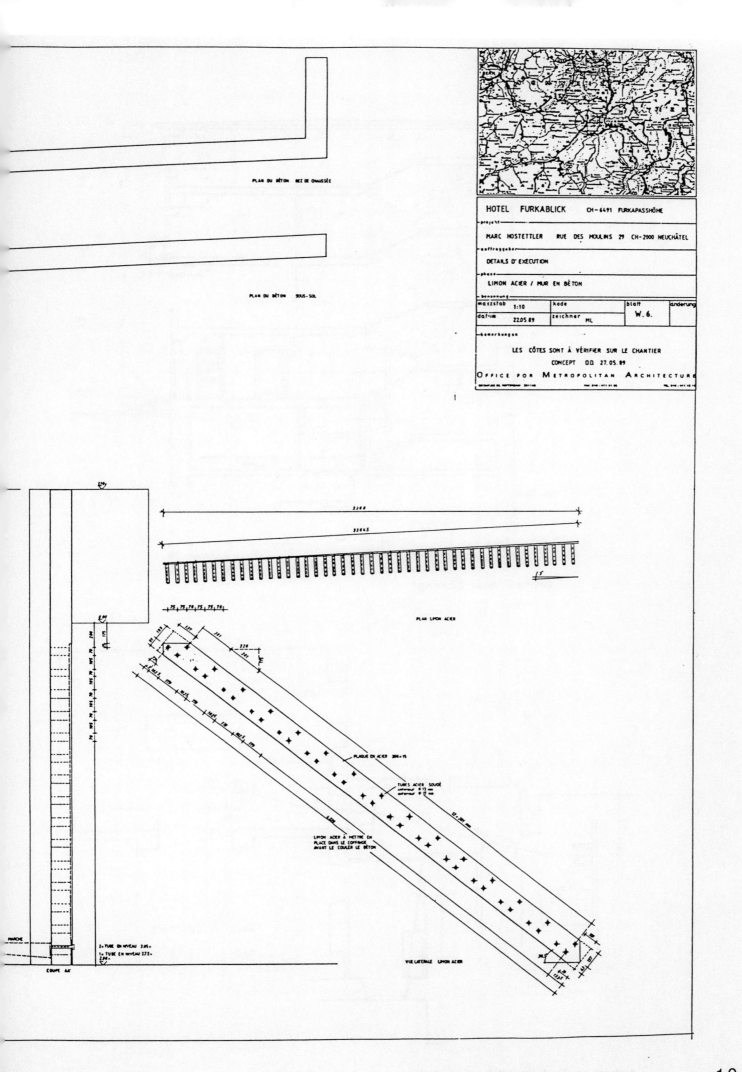

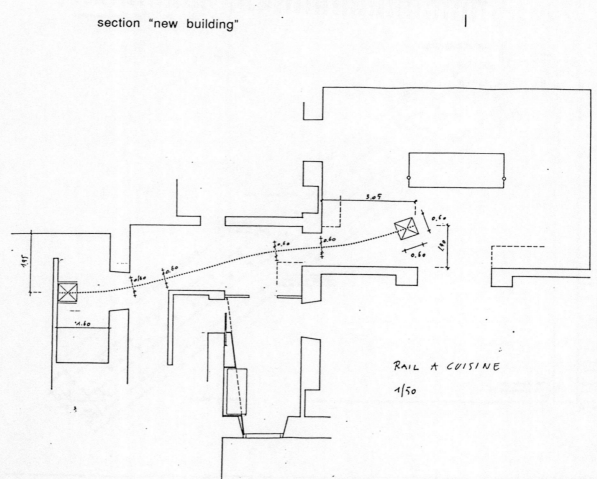

section "new building"

"robot" route from kitchen to restaurant in "old building"

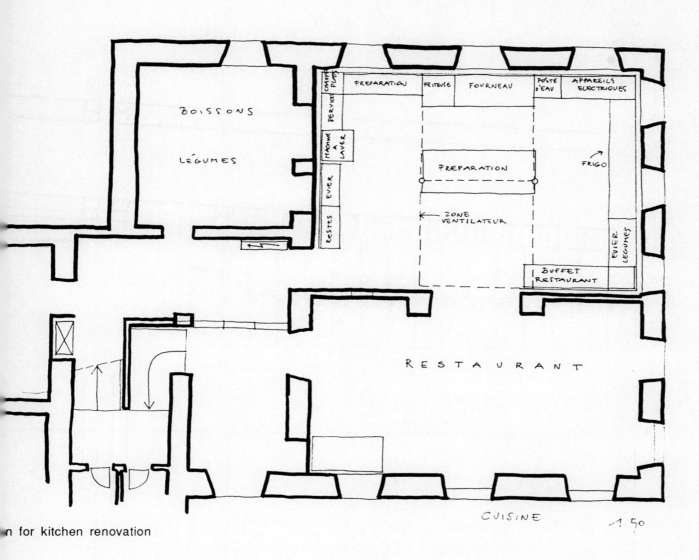

plan for kitchen renovation

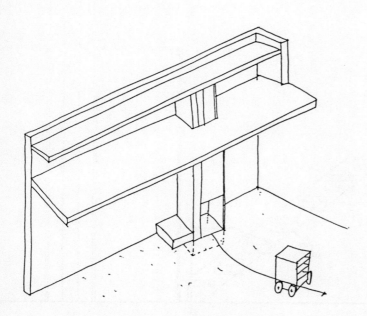

sketch of "robot"

PIERRE ANDRÉ FERRAND

RENE ZÄCH

GRETCHEN FAUST

STEVEN PARRINO

STEVE DOUGHTON

MARIO MERZ

MONIKA KLINGLER

MARKUS RÄTZ

PROGRAMMÄNDERUNGEN VORBEHALTEN

FURKART 1991   JULI   AUGUST   SEPTEMBER

WILLKOMMEN AUF DER FURKA   BIENVENUE À FURKART 1991

TERRY ATKINSON (*1939, Grossbritannien) definiert seine Arbeit als «Praxis des historischen Materialismus». Als ehemaliges Mitglied der Gruppe Art & Language stellt er sich der schwierigen Aufgabe, eine marxistische Kunst zu entwerfen, bei der die erfahrene Realität mit ihrer philosophischen Reflexion verbunden ist, und die durch ihren innovativen Charakter das von den Medien eingeschläferte Bewusstsein wachrüttelt. Seine Themen sind ätzende Kommentare über unsere verwüsteten «ideologischen Landschaften». Schauplätze des 1. Weltkriegs («Tourism I and II», Vancouver, 1990) und Interpretationen von Goyas «Desastres de la Guerra» sind ihm ebenso Anlass zu komplexen Aussagen wie der Atombombenterror auf Hiroshima oder, noch unmittelbarer, der Irländische Bürgerkrieg.

PIERRE ANDRÉ FERRAND (*1952, Genf/CH) steht mit seinen «tableaux» in einer Tradition der Moderne, die an der Fähigkeit der Kunst zweifelt, semantische Inhalte zu übermitteln. Seine Bildtafeln sind oft nur mit einem Malgrund versehen; die Malerei selbst findet nicht statt. Das Spannende an ihnen liegt darin, wie sie sich derart entblösst und objekthaft dem Kunstliebhaber darbieten, und wie sie mit diesem stummen Auftritt als plastische Gebilde durch ihre Formen oder ihre Inszenierung in bestimmten räumlichen Situationen eine mehrdeutige Präsenz erhalten. Es ist eine Untersuchung über «den Gegenstand der Malerei» (so der Titel einer Ausstellung, Genf 1987), deren Offenheit sich in der Benennung seiner Werke widerspiegelt, insbesondere der Serie «Ohne Titel (Utopie des exakten Lebens)».

PAUL-ARMAND GETTE (*1927, Frankreich) erkundet mit Streifzügen durch die Naturwissenschaft Randzonen und interdisziplinäres Niemandsland. Seine «voyeuristischen» Expeditionen in die Mineralogie, die Botanik oder die Insektenkunde bringen Durcheinander in an sich wohlgeordnete Fachgebiete und führen nicht selten in ein verwirrendes Universum («Nymphes et nymphéas», Grenoble, 1990). Als Poetiker des Chaos, der auf einsamen Pfaden geht (auch wenn heute viel von neuen Chaostheorien die Rede ist), lenkt er den Blick auf unruhestiftende Zwischenräume und «perspektivische Verzerrungen». Er legt den Finger auf neuralgische Punkte, die er selbst «irgendwo zwischen Carl von Linné und Lewis Carroll (vermittelt durch Marcel Duchamp und Raymond Roussel)» ansiedelt.

DOROTHÉE VON WINDHEIM (*1945, Köln/Deutschland) betreibt mit ihren spurensichernden Massnahmen und durch Aneignung vorgefundener Materialien eine sehr persönliche «Archäologie der Erinnerung». Indem sie aufwendige Konservierungsmethoden auf geringgeschätzte Dinge anwendet hin, weist sie auf die besondere Bedeutung unserer Alltagsgeschichte. Ihr Weg führt, wie sie selbst sagt, vom Thema Bild-Abbild zu dem von Abdruck-Abnahme. Ausgehend von einem rein sinnlichen Interesse an der Beschaffenheit von Oberflächen, wo sich Spuren der Zeit abzeichnen, gelangte sie über ihre langwährende Beschäftigung mit dem Schweisstuch der Veronika (die im Werkzyklus «Salve Sancta Facies» mündete, 1984) zu einer allmählich sich der Bedeutung der Geste jener Schutzpatronin der Fotografen bewussteren und immateriellen Haltung.

RENÉ ZAECH (*1946, Biel/CH) ist ein unerschütterlic Beobachter der uns umgebenden Dingwelt. Seine Skulpturen s zwar eindeutig der Kunstwelt verpflichtet (weil ästhetisch und ol erkennbaren Gebrauchswert), doch erwecken sie den Eindruck, hätte man sie in einem anderen, profaneren Kontext schon sel können. So erinnerten die pseudofunktionalen Gegenstände, di 1989 in den Räumen der Kunsthalle Bern gezeigt und durch e präzise «Ausstellung» zur Geltung gebracht hat, an jene gl flächigen, anonymen Apparate, denen wir vor allem im s Dienstleistungssektor begegnen. In früheren Werkgruppen war Charakter seiner Objekte primär durch Präsentationstechni bestimmt; neuerdings wendet sich Zäch mit der Installation «Modellen» vermehrt architektonischen Strukturen zu.

AUF DER DURCHREISE beabsichtigen zudem folger Künstler, sich mit dem Ort auseinanderzusetzen: **MARKUS RAETZ** (*1941, Bern/CH), der mit poetisch Bildfindungen die Wahrnehmung thematisiert und sinnli Eindrücke umsetzt; **MARIO MERZ** (*1925, Mailand), des persönliche Mythologie auf der Verwendung von Materialien der a povera beruht, sich aber auf mathematische Gesetzmässigkei des Wachstums stützt; **JENNY HOLZER** (*1950, USA), di im Bewusstsein, «dass es praktisch unmöglich ist, in Kunstpublik aufzurütteln» – mit Schriften aus der urbanen Alltagsspra irritiert; **VITO ACCONCI** (*1940, USA), der in seinen s 1980 entstehenden «Spielfallen» architektonische oder der Na entliehene Motive einbaut. Auf Vorschlag von Olivier Mosset s vier weitere amerikanische Künstler vorgesehen: **KIM JONE** dem seit seinen spektakulären Aktionen um 1976 der Ruf ein «mud man» anhaftet, weil er versucht, die duch seine Erfahrung Vietnamkrieges unterbrochene Beziehung zur Kindheit wie aufzunehmen; **GRETCHEN FAUST**, deren Performanc oder Environments das meist problematische Verhältnis der Ku zum Betrachter, zum Markt und zum Kunstdiskurs hinterfrage **STEVE DOUGHTON**, der gelegentlich filmische Mittel Performances gebraucht, die eine psychedelische Reflexion amerikanischen Raums darstellen (TV, science-fiction...); oft Alex Wilson zusammenarbeitend, ist er mit einer Gruppe jünge Maler verbunden, welche die Frage nach der Abstraktion n aufzuwerfen suchen, und zu denen auch **STEVEN PARRI** gehört, der seinerseits eine «entspannte» und barockisieren Version der Monochromie vorschlägt.

SEDIMENTE aus den Jahren 1986-91: ebenfalls in situ finden sich Werke, die als Spuren eines Aufenthaltes auf der Fu hinterlassen wurden u. a. von den Künstlern **JOHN ARMLEDE PIERRE ANDRÉ FERRAND, MONICA KLINGLER ANNA WINTELER, OLIVIER MOSSET, MICH RITTER, CHRISTOPH RUETIMANN**.

ASSOCIATION FRANÇAISE D' ACTION ARTISTIQUE   Erziehungsdepartement Basel-Stadt   GEORGES UND JENNY BLOCH-STIFTUNG   Fondation C Cartier   RÉPUBLIQUE ET CANTON DE GENÈVE

FURKABLICK CH-6491 FURKAPASSHÖHE TELEFON 044 6 72 97

TERRY ATKINSON (*1939, Royaume Uni), issu du groupe Art & Language, définit son travail comme une «pratique du matérialisme historique». Artiste engagé, il poursuit la tâche difficile d'inventer un art marxiste liant l'expérience de la réalité à la réflexion philosophique, susceptible de réveiller, par l'innovation même, les consciences que par ailleurs les médias endorment. Ses expositions centrées autour de thèmes précis sont des commentaires corrosifs sur les «paysages idéologiques» dévastés («Tourism I and II», 1990), qui prennent prétexte des «Désastres de la Guerre» de Goya et dénoncent plus ouvertement («Disaffirmation and Negation», 1988) la tendance de l'art à s'enfermer dans une tour d'ivoire, face à la réalité immédiate du choc de Verdun, de la bombe d'Hiroshima et, bien sûr, du quotidien autour des événements en Irlande.

PIERRE ANDRÉ FERRAND (*1952, Genève/CH) prend le modernisme à contre-pied: sceptique peut-être des contenus que l'art est capable de véhiculer, ou prospectant le biais par lequel il nous parle encore, il soumet à l'appréciation de l'«amateur d'art» des toiles d'où la peinture est absente. Pour être ainsi «mises à nu», à peine revêtues d'un apprêt et réduites à l'état de tableaux-objets, ces toiles n'en sont pas moins — grâce à leurs formes suggestives et leur mise en scène théâtrale — pourvues de rhétorique. C'est une interrogation sur le thème de l'«objet de la peinture» (tel le titre d'une exposition collective à Genève, 1987), formulée souvent dans tout ce qu'implique d'ambigu l'intitulé de ses œuvres, et en particulier de la série «Sans titre (Utopie de la vie exacte)».

PAUL-ARMAND GETTE (*1927, France) a le goût des marges et des points zéro. Ses recherches, qu'on peut qualifier d'explorations — ou, selon ses propres termes, de «transects» — mènent souvent en les emmêlant savamment, des domaines classés et communément étiquetés de la minéralogie, de la botanique ou de l'entomologie vers des univers plus troubles («Nymphes et nymphéas», Grenoble, 1990). «Voyeur» des interstices perturbateurs d'ordre et des «aberrations perspectives», c'est un poéticien du chaos qui voyage en solitaire (et indépendamment d'une science qui tente de remettre le chaos à jour par de nouvelles théories) pour mettre le doigt sur ces espaces fantasmatiques qu'il situe lui-même entre Carl von Linné et Lewis Carroll (par l'entremise de Marcel Duchamp et de Raymond Roussel).

DOROTHÉE VON WINDHEIM (*1945, Cologne/Allemagne) s'est fait remarquer par son travail sur les empreintes. Pratiquant une «archéologie du souvenir» presque conceptualiste, puisque appliquant de laborieuses techniques de conservation à un choix tout personnel des choses sur lesquelles le regard s'arrête, elle fixe sur toile des marques humbles d'une histoire inscrite dans le quotidien ou recueille des fragments épars, significatifs de son propre parcours. A partir d'une sensibilité purement tactile pour les surfaces, et à force de s'approprier des images, l'artiste qui de longue date s'intéresse particulièrement à la toile de sainte Véronique («Salve sancta facies», 1984) est parvenue à une conscience plus profonde de la signification de son geste et de son affinité avec celui de la sainte patronne des photographes.

RENÉ ZAECH (*1946, Bienne/CH) est un observateur imperturbable des choses autour desquelles nous évoluons. Plasticien, il recrée, transpose et interprète à la fois ces objets qui nous entourent, nous frôlent et nous sollicitent sans que, en général, nous leur prêtions attention. Les sculptures dont était envahi le lieu lors d'une de ses expositions (Kunsthalle Berne, 1989) semblaient relever de l'art pur (car esthétiques et dépourvues de fonction reconnaissable), mais n'en évoquaient pas moins, par un côté de «déjà-vu» et une présentation adéquate, l'aspect lisse et glissant de ces «appareils» énigmatiques que nous situons, faute souvent d'en saisir toute l'utilité, dans un secteur dit «tertiaire» et en pleine expansion. Depuis, son attention se porte davantage vers l'installation de «modèles» à structure architectonique.

DE PASSAGE, les artistes suivants se proposent également de venir travailler sur les lieux: **MARKUS RAETZ** (*1941, Berne/CH) dont le travail sur la perception passe par mille et une circonvolutions du cerveau avant de transformer des sensations rétiniennes en poésie de l'image; **MARIO MERZ** (*1925, Milan), dont la mythologie personnelle est basée sur l'emploi de matériaux pauvres, mais aussi sur les lois mathématiques de la croissance; **JENNY HOLZER** (*1950, USA) qui, consciente du fait «qu'il est pratiquement impossible de choquer un public d'art», irrite avec des écritures empruntées au langage urbain; **VITO ACCONCI** (*1940, USA) qui met en situation, depuis 1980, des «pièges à jeu» à partir d'éléments évoquant des espaces architecturaux ou naturels. Enfin, sur une proposition d'Olivier Mosset, quatre autres artistes américains: **KIM JONES** qui s'est fait, depuis des actions spectaculaires en 1976, une réputation de «mud man» en cherchant à renouer avec l'enfance des liens détruits par son expérience de la guerre du Vietnam; **GRETCHEN FAUST** qui questionne, avec ses entourages d'objets ou ses performances, les rapports au spectateur, au marché et au discours critique sur l'art; **STEVE DOUGHTON** dont les performances utilisant en général le film relèvent d'une approche psychédélique de l'espace américain (TV, science-fiction...); collaborant souvent avec Alex Wilson, il est lié à un groupe de peintres qui réactualisent le problème de l'abstraction, parmi lesquels **STEVEN PARRINO**, qui pour sa part propose une version «détendue» et baroque du monochrome.

SÉDIMENTS des années 1986-91: en outre sont visibles in situ les œuvres réalisées lors de leur séjour par les artistes **JOHN ARMLEDER, PIERRE ANDRÉ FERRAND, MONICA KLINGLER / ANNA WINTELER, OLIVIER MOSSET, MICHEL RITTER, CHRISTOPH RUETIMANN**.

CHRISTOPH RÜTIMANN

VITO ACCONCI

KIM JONES

ANNA WINTELER

PAUL-ARMAND GETTE

OLIVIER MOSSET

JENNY HOLZER

DOROTHEE VON WINDHEIM

JOHN ARMLEDER

TERRY ATKINSON

FURKAPASSHÖHE

Gretchen Faust / Kevin Warren
„Instrument for listening and talking" 1991

© FURKART · CH-6491 FURKAPASSHÖHE · TEL. 041 887 07 17 (AB MÄRZ 1996)

Photo: Steve Doughton

Pierre André Ferrand
„*Beati paupers spiritu*" 1991

© FURKART · CH-6491 FURKAPASSHÖHE · TEL. 041 887 07 17 (AB MÄRZ 1996)

Photo: Alain Germond

Paul-Armand Gette
Le début du paysage – Col de la Furka 1991

© FURKART · CH-6491 FURKAPASSHÖHE · TEL. 041 887 07 17 (AB MÄRZ 1996)

Photo: Alain Germond

Jenny Holzer
Truism 1991

© FURKART · CH-6491 FURKAPASSHÖHE · TEL. 041 887 07 17 (AB MÄRZ 1996)

Photo: Claude Joray

Jenny Holzer
Truism 1991

© FURKART · CH-6491 FURKAPASSHÖHE · TEL. 041 887 07 17 (AB MÄRZ 1996)

Photo: Claude Joray

Kim Jones
Lover's Leap (little mountain) 1991

© FURKART · CH-6491 FURKAPASSHÖHE · TEL. 041 887 07 17 (AB MÄRZ 1996)

Photo: Reto Oechslin

A LITTLE KNOWLEDGE CAN GO A LONG WAY
A LOT OF PROFESSIONALS ARE CRACKPOTS
A MAN CAN'T KNOW WHAT IT'S LIKE TO BE A MOTHER
A RELAXED MAN IS NOT NECESSARILY A BETTER MAN
A SENSE OF TIMING IS THE MARK OF GENIUS
A SINGLE EVENT CAN HAVE INFINITELY MANY INTERPRETATIONS
A STRONG SENSE OF DUTY IMPRISONS YOU
ABSOLUTE SUBMISSION CAN BE A FORM OF FREEDOM
ABUSE OF POWER COMES AS NO SURPRISE
ACTION CAUSES MORE TROUBLE THAN THOUGHT
ALIENATION PRODUCES ECCENTRICS OR REVOLUTIONARIES
ALL THINGS ARE DELICATELY INTERCONNECTED
AMBIVALENCE CAN RUIN YOUR LIFE
AN ELITE IS INEVITABLE
ANY SURPLUS IS IMMORAL
AT TIMES INACTIVITY IS PREFERABLE TO MINDLESS FUNCTIONING
AWFUL PUNISHMENT AWAITS REALLY BAD PEOPLE
BAD INTENTIONS CAN YIELD GOOD RESULTS
BEING HAPPY IS MORE IMPORTANT THAN ANYTHING ELSE
BOREDOM MAKES YOU DO CRAZY THINGS
CALM IS MORE CONDUCIVE TO CREATIVITY THAN IS ANXIETY
CATEGORIZING FEAR IS CALMING
CHANGE IS VALUABLE WHEN THE OPPRESSED BECOME TYRANTS
CHILDREN ARE THE MOST CRUEL OF ALL
CHILDREN ARE THE HOPE OF THE FUTURE
CLASS ACTION IS A NICE IDEA WITH NO SUBSTANCE
CLASS STRUCTURE IS AS ARTIFICIAL AS PLASTIC
DECADENCE CAN BE AN END IN ITSELF
DECENCY IS A RELATIVE THING
DEPENDENCE CAN BE A MEAL TICKET
DESCRIPTION IS MORE VALUABLE THAN METAPHOR
DEVIANTS ARE SACRIFICED TO INCREASE GROUP SOLIDARITY
DISGUST IS THE APPROPRIATE RESPONSE TO MOST SITUATIONS
DREAMING WHILE AWAKE IS A FRIGHTENING CONTRADICTION
EATING TOO MUCH IS CRIMINAL
EVEN YOUR FAMILY CAN BETRAY YOU
EXPIRING FOR LOVE IS BEAUTIFUL BUT STUPID
FAKE OR REAL INDIFFERENCE IS A POWERFUL PERSONAL WEAPON
FATHERS OFTEN USE TOO MUCH FORCE
FREEDOM IS A LUXURY NOT A NECESSITY
HIDING YOUR MOTIVES IS DESPICABLE
HUMANISM IS OBSOLETE
HUMOR IS A RELEASE
IDEALS ARE REPLACED BY CONVENTIONAL GOALS AT A CERTAIN AGE
IF YOU AREN'T POLITICAL YOUR PERSONAL LIFE SHOULD BE EXEMPLARY
IN SOME INSTANCES IT'S BETTER TO DIE THAN TO CONTINUE
IT IS MAN'S FATE TO OUTSMART HIMSELF
IT'S A GIFT TO THE WORLD NOT TO HAVE BABIES
KILLING IS UNAVOIDABLE BUT IS NOTHING TO BE PROUD OF
KNOWLEDGE SHOULD BE ADVANCED AT ALL COSTS

LACK OF CHARISMA CAN BE FATAL
LOVING ANIMALS IS A SUBSTITUTE ACTIVITY
MEN ARE NOT MONOGAMOUS BY NATURE
MONEY CREATES TASTE
MOST PEOPLE ARE NOT FIT TO RULE THEMSELVES
MOTHERS SHOULDN'T MAKE TOO MANY SACRIFICES
MUCH WAS DECIDED BEFORE YOU WERE BORN
MURDER HAS ITS SEXUAL SIDE
NOTHING UPSETS THE BALANCE OF GOOD AND EVIL
OFTEN YOU SHOULD ACT LIKE YOU ARE SEXLESS
OPACITY IS AN IRRESISTIBLE CHALLENGE
PEOPLE ARE BORING UNLESS THEY'RE EXTREMISTS
PEOPLE WHO DON'T WORK WITH THEIR HANDS ARE PARASITES
PEOPLE WHO GO CRAZY ARE TOO SENSITIVE
PEOPLE WON'T BEHAVE IF THEY HAVE NOTHING TO LOSE
PRIVATE PROPERTY CREATED CRIME
PURSUING PLEASURE FOR THE SAKE OF PLEASURE WILL RUIN YOU
PUSH YOURSELF TO THE LIMIT AS OFTEN AS POSSIBLE
RAISE BOYS AND GIRLS THE SAME WAY
RELIGION CAUSES AS MANY PROBLEMS AS IT SOLVES
REVOLUTION BEGINS WITH CHANGES IN THE INDIVIDUAL
ROMANTIC LOVE WAS INVENTED TO MANIPULATE WOMEN
SACRIFICING YOURSELF FOR A BAD CAUSE IS NOT A MORAL ACT
SALVATION CAN'T BE BOUGHT AND SOLD
SELF-CONTEMPT CAN DO MORE HARM THAN GOOD
SEX DIFFERENCES ARE HERE TO STAY
SLIPPING INTO MADNESS IS GOOD FOR THE SAKE OF COMPARISON
SLOPPY THINKING GETS WORSE OVER TIME
SOMETIMES SCIENCE ADVANCES FASTER THAN IT SHOULD
STARVATION IS NATURE'S WAY
STUPID PEOPLE SHOULDN'T BREED
THE FAMILY IS LIVING ON BORROWED TIME
THE IDEA OF REVOLUTION IS AN ADOLESCENT FANTASY
THE IDEA OF TRANSCENDENCE IS USED TO OBSCURE OPPRESSION
THE MOST PROFOUND THINGS ARE INEXPRESSIBLE
THE ONLY WAY TO BE PURE IS TO STAY BY YOURSELF
THERE'S A FINE LINE BETWEEN INFORMATION AND PROPAGANDA
TIMIDITY IS LAUGHABLE
TORTURE IS BARBARIC
TRUE FREEDOM IS FRIGHTFUL
VIOLENCE IS PERMISSIBLE EVEN DESIRABLE OCCASIONALLY
WAR IS A PURIFICATION RITE
WHEN SOMETHING TERRIBLE HAPPENS PEOPLE WAKE UP
WISHING THINGS AWAY IS NOT EFFECTIVE
WORDS TEND TO BE INADEQUATE
YOU ARE A VICTIM OF THE RULES YOU LIVE BY
YOU ARE GUILELESS IN YOUR DREAMS
YOU DON'T KNOW WHAT'S WHAT UNTIL YOU SUPPORT YOURSELF
YOU HAVE TO HURT OTHERS TO BE EXTRAORDINARY
YOUR OLDEST FEARS ARE THE WORST ONES

René Zäch
Modell I 1991

© FURKART · CH-6491 FURKAPASSHÖHE · TEL. 041 887 07 17 (AB MÄRZ 1996)

Photo: René Zäch

Dorothee von Windheim
Furkapass-Aktion 1991
„Ich zertrete eine blaue Blume…"

© FURKART · CH-6491 FURKAPASSHÖHE · TEL. 041 887 07 17 (AB MÄRZ 1996)

Photo: Dorothee von Windheim

DOROTHEE VON WINDHEIM

FURKAPASS - AKTION

© FURKART · CH 6491 FURKA PASSHÖHE · TEL. 044 67 2 97

A

Samstag, 17. August 1991
15:15 ab Hotel Furkablick

Panamarenko
K2. The 7000-Meter-High
Flying Jungle and Mountains Machine 1991

© FURKART · CH-6491 FURKAPASSHÖHE · TEL. 041 887 07 17 (AB MÄRZ 1996)

Photo: Claude Joray

WERKE IN DER UMGEBUNG
DES HOTELS FURKABLICK

OEUVRES DANS LES ENVIRONS
DE L'HÔTEL FURKABLICK

1 IAN HAMILTON FINLAY
Das Werk «Proposal for the Furkapass» von 1987 stellt, reliefartig aus der Oberfläche eines herumliegenden Felsbrockens gehauen, die Signatur von Ferdinand Hodler dar, der Anfangs unseres Jahrhunderts die Berglandschaft als heroisches Zeichen gemalt hat.

«Proposal for the Furka Pass» consiste en une signature d'artiste gravée en haut-relief dans un rocher en 1987: celle de Ferdinand Hodler qui, au début de notre siècle, a su parmi les derniers magnifier en peinture des paysages héroïques.

2 PER KIRKEBY
Ein knapp mannshohes, mit Backsteinen regelmässig gemauertes Gebilde markiert den Ostrand der kleinen Ebene auf dem Scheitelpunkt des Furkapasses. Diese eher grazil wirkende Plastik hat seit ihrer Erstellung 1986 bis heute den allwinterlichen Unwettern erstaunlich gut standgehalten.

Un édicule de briques litées de façon régulière marque le côté Est de la plate-forme qui surplombe les deux vallées menant au Col. Bien que d'un aspect fragile, cette sculpture aux proportions presque humaines a su, jusqu'à présent, résister aux intempéries hivernales auxquelles elle est exposée depuis sa construction en 1986.

3 NIELE TORONI, RICHARD LONG, OLIVIER MOSSET, JOHN ARMLEDER, PIERRE ANDRÉ FERRAND, PANAMARENKO
Auf der Längsfassade der Dépendance hat Niele Toroni 1990 einige seiner famosen «Abdrücke eines Pinsels Nr. 50, wiederholt in regelmässigen Abständen von 30 cm» angebracht. Sie ergänzen jene Gruppe Pinselspuren, die der Künstler im Innern des Hotels appliziert hat.
Richard Longs «Wind Line over the Furkapass» von 1989 besteht aus verschieden gerichteten Pfeilzeichen an den Rändern unter dem Giebel der Schmalseite des Gebäudes. Long hat damit die wechselnden Windrichtungen, die er während seines Marsches über die Furka in bestimmten Zeitintervallen feststellte, dokumentiert.
Im Innern der Dépendance finden sich Bilder auf Leinwand, die von Olivier Mosset 1987, John Armleder 1988, und von Pierre André Ferrand 1991 dort gemalt worden sind, sowie Zeichnungen von Panamarenko, der 1991 zum vierten Mal hier an einer Flugmaschine arbeitete.

Sur la façade principale de la Dépendance, une intervention de Niele Toroni en 1990 comporte des «empreintes de pinceau no 50 répétées à intervalles réguliers de 30 cm»; elles sont complémentaires de celles qui se trouvent à l'intérieur de l'hôtel Furkablick.

Richard Long a réalisé en 1989 «Wind Line over the Furkapass» sur les façades latérales. Des flèches peintes indiquent les changements de direction des vents, observés toutes les demi-heures lors de sa marche en 1989 entre Realp et Oberwald en empruntant le Col de la Furka.
A l'intérieur de la Dépendance se trouvent les toiles réalisées sur place par Olivier Mosset en 1987, John Armleder en 1990, Pierre André Ferrand en 1991 ainsi que des dessins de Panamarenko se rapportant à sa 4ème machine à voler développée in situ en 1991.

4 GRETCHEN FAUST
Die Durchbohrung eines Felsens von der einen Seite zur andern, welche die Künstlerin 1991 anlässlich einer Performance mit Kevin Warren vorgenommen hat, trägt den Namen «Instrument for listening-talking». Ihr Thema sind die Hindernisse und die Unvereinbarkeiten von visueller und auditiver Kommunikation.

La perforation d'un rocher de part en part, entrepris à l'occasion d'une performance de Gretchen Faust et de Kevin Warren en 1991, intitulée «Instrument for listening – talking», se réfère à l'incompatibilité de la communication visuelle et auditive.

5 DANIEL BUREN
Die 1989 realisierte Arbeit «La Visée» besteht aus 2 Teilen: einer Panorama-Informationstafel, auf der bloss die Zeichnung (nicht aber die Bezeichnung, Masse und Namen) der topografischen Umgebung zu sehen ist, und einer von dieser Tafel aus noch knapp sichtbaren, rot und weiss gestreiften Fahne auf den Stotzigen Firsten.

«La Visée», réalisé en 1989, est un travail en deux parties: un panneau d'information panoramique en bordure de route se limitant à un dessin sans aucune légende géographique, et un drapeau en toile rayée de bandes verticales rouges et blanches visible dans le lointain sur les Stotzigen Firsten.

6 PAUL-ARMAND GETTE
Eine auf einem Stativ montierte Glasscheibe bietet in der Durchsicht einen je nach Standpunkt bestimmten Landschaftsausschnitt. Auf der Scheibe findet sich die Inschrift «0 m». Diese Arbeit aus dem Jahr 1991 gehört zu seiner Werkreihe «Der Beginn der Landschaft».

Un écran de verre monté sur un trépied cadre à volonté le paysage selon le point de vue choisi. On y lit l'inscription «0 m». Cette œuvre de 1991 fait partie de sa série «Le commencement du paysage».

7 MICHEL RITTER, TERRY FOX, KIM JONES
Im kleinen, unterhalb des Hotels liegenden ehemaligen Stromgeneratorenhaus, befindet sich die 1987 realisierte Installation von Michel Ritter. Eine Super-8-Filmprojektion lässt an der Innenwand abwechselnd Bilder einer Fabrik und einer Kirche zur Tonkulisse von Walfischrufen erscheinen.
Der künstlerische Eingriff von Terry Fox bestand darin, 1990 einzelne hier vorgefundene Gegenstände durch Lettern mit neuen Bedeutungen aufzuladen.
Kim Jones machte am 1. August 1991 auf dem leicht schiefen Dach dieses niederen Gebäudes eine seiner «Mud Man»-Performances, die von Kriegserlebnissen in Vietnam beeinflusst sind. Davon sind die an Panzersperren erinnernden Gebilde aus in der Umgebung gefundenem Holz geblieben.

Dans le bâtiment en contre-bas de l'hôtel, où se trouve une ancienne génératrice, l'installation de Michel Ritter de 1987 consiste en un film super-8 projetant sur l'un des murs les images alternées d'une usine et d'une église au son d'un appel de baleines.
L'intervention de Terry Fox vise à modifier par le lettrisme divers objets trouvés sur place dans la génératrice en 1990.

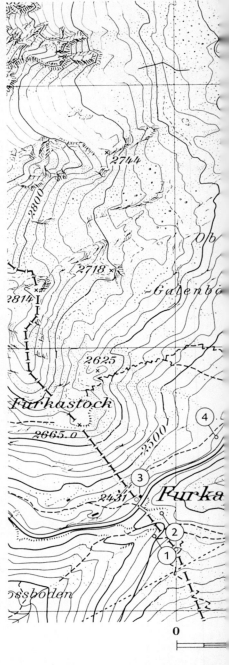

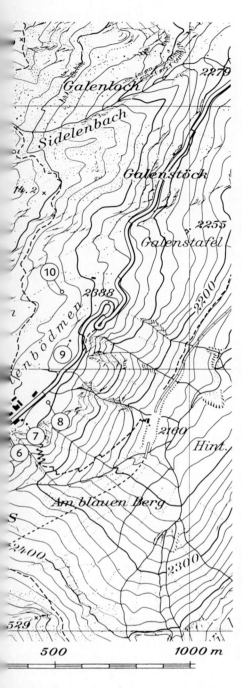

Kim Jones a choisi le toit de cette construction pour une performance le 1er août 1991 basée sur ses expériences du Vietnam «Mud Man», dont il subsiste de frêles assemblages en bois évoquant des défenses militaires.

ROYDEN RABINOWITCH
Auf einer abgerundeten Geländeformation am Abhang des nach Osten führenden Tales hat Rabinowitch 1987 drei leicht konkav oder konvex gebogene, oval ausgeschnittene Stahlplatten in die Grasnarbe eingelassen. Sie treten mit den topographischen Gegebenheiten in einen leisen, aber spannenden Dialog.

Trois plaques en acier découpé sont insérées dans la fine couche d'humus qui à cet endroit recouvre la roche. Concaves ou convexes, ces sculptures de 1987 répondent à la dénivellation du sol et entretiennent un paisible dialogue avec la morphologie du site.

9 LAWRENCE WEINER, GÜNTHER FÖRG
Neben dem Hirtenunterstand hat Lawrence Weiner 1990 auf einem Granit-Grenzstein eine Metallplakette montiert. Sie ist ebenso wie die von ihm gestalteten Hotelschlüsselträger mit der Inschrift «Covered by Clouds» versehen.
Im Innern des Unterstands hat Günther Förg 1989 an den Wänden zwei Zement-Reliefs erstellt.

Près de la bergerie, une plaque de métal de Lawrence Weiner fixée sur une borne de granit porte l'inscription «Covered by Clouds» que l'on retrouve sur les porte-clés des chambres de l'hôtel réalisés par le même artiste en 1990.
A l'intérieur de la bergerie, Günther Förg en 1989 a travaillé sur le mur à deux reliefs en ciment.

10 JOHN HILLIARD
Sein Werk «Plein-air» von 1988 besteht aus einer in einen Stein eingelassenen Kupferplatte, auf der die fotografische Wiedergabe eines benachbarten Felsen spiegelbildlich verdoppelt eingraviert ist.

L'œuvre de 1988 intitulée «Plein-air» est faite d'un disque de cuivre encastré dans une pierre. Y est gravé la photographie dédoublée d'un rocher visible depuis cet endroit.

11 JENNY HOLZER
Bei ihrem Beitrag von 1991 entschied sich die Künstlerin der «Truisms», Sätze in vier Sprachen wie «Identifier ses peurs rassure» oder «Any surplus is immoral» in urtümlicher Manier auf Felsen im Umkreis von 200 Metern einritzen zu lassen.

Pour sa contribution consistant en «Truisms» l'artiste, en 1991, a simplement fait graver dans la roche des phrases en quatre langues, telles que «Identifier ses peurs rassure» ou «Any surplus is immoral», qu'on trouve au-dessus du sentier dans un rayon de 200 m environ.

12 RENÉ ZAECH
Seine 1991 gefertigte Skulptur ist eine Maquette für einen Triangulationsmerkpunkt, wie er ab und zu auf Berggipfeln vorkommt. Aber der vom Künstler gewählte Standort entspricht überhaupt nicht dem, was der Geometer oder Kartograph erwartet. Ein zweites Modell steht auf einem Miniaturfelsen im Hotel auf einem Fenstersims.

Sa sculpture réalisée en 1991 est une maquette pour un point de triangulation, mais son emplacement choisi par l'artiste ne correspond pas à ce que le géomètre ou le cartographe en attend. Le même objet se retrouve en modèle réduit sur une pierre posée à l'intérieur de l'hôtel sur le rebord d'une fenêtre.

Pour leurs contributions entre 1983–91, je remercie particulièrement:
Monsieur D. Ammann
Alusingen GmbH
Association Française d'Action Artistique
Madame M. Barbier
Monsieur P. Bodenmann
British Council
Madame et Monsieur Burckhardt
Balthasar Burkhardt
Madame A. Bühler
James Lee Byars
Canton de Neuchâtel
Canton du Valais
Canton et Ville de Fribourg
Canton et Ville de Genève
Cassinelli-Vogel-Stiftung
Monsieur P. Comtesse
Luc Deleu
Arnold Dorta
Thomas Dorta
Emil und Rosa Richterich-Beck Stiftung
Fondation Cartier
Fondation Nestlé pour l'Art
Georges und Jenny Bloch-Stiftung
Monsieur P. Gredinger
Madame et Monsieur Gubler
Monsieur P. Gygi
Hôtel Touring-Balance Genève
Monsieur Paul Jolles
Kanton Basel-Stadt
Kanton Bern
Kanton Luzern
Kanton Uri
Keller AG Ziegeleien
Rem Koolhaas und OMA
Monsieur R. Kreienbühl
Le Richemond Genève
Monsieur A. L'Huillier
Migros-Genossenschafts-Bund
Olivier Mosset
Madame M. Oeri
Office National Suisse du Tourisme
Pan-Gas Luzern
Ricola
Sanherb
Schweizer Kulturstiftung Pro Helvetia
Monsieur J. Sistovaris
Société des montres Ebel
Stiftung Birsig für Kunst und Kultur
Dominique Stroobant
Swissair
ainsi que toutes les personnes et amis qui ont permis la réalisation
de ce projet et tous les artistes que la Furka a inspirés.

Mes remerciements spécialement pour 1992 à:
Canton du Valais
Georges und Jenny Bloch-Stiftung
Kanton Uri
Migros-Genossenschafts-Bund
Ricola
Schweizer Kulturstiftung Pro Helvetia
Stanley Thomas Johnson Stiftung

FURKART
HOTEL FURKABLICK
CH-6491 FURKAPASSHÖHE
TELEFON 044 672 97

FURKAPASSHÖHE   HOTEL FURKABLICK   TEL 044-672 97

Ian Annül
Chocolade 1992

© FURKART · CH-6491 FURKAPASSHÖHE · TEL. 041 887 07 17 (AB MÄRZ 1996)

Photo: Claude Joray

IAN ANÜLL   FURKART 1992

April-Scherz von 1950:
Ein Kind, per Retusche
zum Außerirdischen verfremdet

Fotokopie beim FBI:
So schlummerte der April-Scherz
in einem amerikanischen Archiv

«Gefangener Außerirdischer»:
So tauchte das Bild in einem
«Tatsachen-Bericht» 1981 auf

Zu konsumieren bis:

Schweizer Produkt
Zusammensetzung: Zucker, Kakaobutter, Vollmilchpulver, Kakaomasse, Magermilchpulver, Emulgator E322, Aroma (Vanillin).

100 g

Terry Atkinson
"BUNKER – IGLOO" in 1992

© FURKART · CH-6491 FURKAPASSHÖHE · TEL. 041 887 07 17 (AB MÄRZ 1996)

Photo: Eliane Laubscher

Andreas Christen
Sieben bemahlte Steine 1992

© FURKART · CH-6491 FURKAPASSHÖHE · TEL. 041 887 07 17 (AB MÄRZ 1996)

Photo: Marc Hostettler

Ria Pacquée
The collector of stones 1992

© FURKART · CH-6491 FURKAPASSHÖHE · TEL. 041 887 07 17 (AB MÄRZ 1996)

Photo: Claude Joray

John Nixon
enamel on carboard 1992

© FURKART · CH-6491 FURKAPASSHÖHE · TEL. 041 887 07 17 (AB MÄRZ 1996)

Photo: Stefan Rohner

John Nixon
Orange + Black 1992

© FURKART · CH-6491 FURKAPASSHÖHE · TEL. 041 887 07 17 (AB MÄRZ 1996)

Photo: John Nixon

Furkart, Hotel Furkablick, CH-6491 Furkapasshöhe. Telefon 044 672 97

Werke in der Umgebung des Hotels Furkablick

Oeuvres dans les environs de l'Hôtel Furkablick

1 Ian Hamilton Finlay
Das Werk «Proposal for the Furkapass» von 1987 stellt, reliefartig aus der Oberfläche eines herumliegenden Felsbrockens gehauen, die Signatur von Ferdinand Hodler dar, der Anfangs unseres Jahrhunderts die Berglandschaft als heroisches Zeichen gemalt hat.

«Proposal for the Furka Pass» consiste en une signature d'artiste gravée en haut-relief dans un rocher en 1987: celle de Ferdinand Hodler qui, au début de notre siècle, a su parmi les derniers magnifier en peinture des paysages héroiques.

2 Per Kirkeby
Ein knapp mannshohes, mit Backsteinen regelmässig gemauertes Gebilde markiert den Ostrand der kleinen Ebene auf dem Scheitelpunkt des Furkapasses. Diese eher grazil wirkende Plastik hat seit ihrer Erstellung 1986 bis heute den allwinterlichen Unwettern erstaunlich gut standgehalten.

Un édicule de briques litées de façon régulière marque le côté Est de la plate-forme qui surplombe les deux vallées menant au Col. Bien que d'un aspect fragile, cette sculpture aux proportions presque humaines a su, jusqu'à présent, résister aux intempéries hivernales auxquelles elle est exposée depuis sa construction en 1986.

3 Niele Toroni, Richard Long, Olivier Mosset, John Armleder, Pierre André Ferrand, Panamarenko
Auf der Längsfassade der Dépendance hat Niele Toroni 1990 einige seiner famosen «Abdrücke eines Pinsels Nr. 50, wiederholt in regelmässigen Abständen von 30 cm» angebracht. Sie ergänzen jene Gruppe Pinselspuren, die der Künstler im Innern des Hotels appliziert hat.
Richard Longs «Wind Line over the Furkapass» von 1989 besteht aus verschieden gerichteten Pfeilzeichen an den Rändern unter dem Giebel der Schmalseite des Gebäudes. Long hat damit die wechselnden Windrichtungen, die er während seines Marsches über die Furka in bestimmten Zeitintervallen feststellte, dokumentiert.
Im Innern der Dépendance finden sich Bilder auf Leinwand, die von Olivier Mosset 1987, John Armleder 1988, und von Pierre André Ferrand 1991 dort gemalt worden sind, sowie Zeichnungen von Panamarenko, der 1991 zum vierten Mal hier an einer Flugmaschine arbeitete.

Sur la facade principale de la Dépendance, une intervention de Niele Toroni en 1990 comporte des «empreintes de pinceau no 50 répétées à intervalles réguliers de 30 cm»; elles sont complémentaires de celles qui se trouvent à l'intérieur de l'hôtel Furkablick.

Richard Long a réalisé en 1989 «Wind Line over the Furkapass» sur les façades latérales. Des flèches peintes indiquent les changements de direction des vents, observés toutes les demi-heures lors de sa marche en 1989 entre Realp et Oberwald en empruntant le Col de la Furka.
A l'intérieur de la Dépendance se trouvent les toiles réalisées sur place par Olivier Mosset en 1987, John Armleder en 1990, Pierre André Ferrand en 1991 ainsi que des dessins de Panamarenko se rapportant à sa 4ème machine à voler développée in situ en 1991.

4 Gretchen Faust
Die Durchbohrung eines Felsens von der einen Seite zur andern, welche die Künstlerin 1991 anlässlich einer Performance mit Kevin Warren vorgenommen hat, trägt den Namen «Instrument for listening-talking». Ihr Thema sind die Hindernisse und die Unvereinbarkeiten von visueller und auditiver Kommunikation.

La perforation d'un rocher de part en part, entrepris à l'occasion d'une performance de Gretchen Faust et de Kevin Warren en 1991, intitulée «Instrument for listening – talking», se réfère à l'incompatibilité de la communication visuelle et auditive.

5 Daniel Buren
Die 1989 realisierte Arbeit «La Visée» besteht aus 2 Teilen: einer Panorama-Informationstafel, auf der bloss die Zeichnung (nicht aber die Bezeichnung, Masse und Namen) der topografischen Umgebung zu sehen ist, und einer von dieser Tafel aus noch knapp sichtbaren, rot und weiss gestreiften Fahne auf den Stotzigen Firsten.

«La Visée», réalisé en 1989, est un travail en deux parties: un panneau d'information panoramique en bordure de route se limitant à un dessin sans aucune légende géographique, et un drapeau en toile rayée de bandes verticales rouges et blanches visible dans le lointain sur les Stotzigen Firsten.

6 Paul-Armand Gette
Eine auf einem Stativ montierte Glasscheibe bietet in der Durchsicht einen je nach Standpunkt bestimmten Landschaftsausschnitt. Auf der Scheibe findet sich die Inschrift « 0 m». Diese Arbeit aus dem Jahr 1991 gehört zu seiner Werkreihe «Der Beginn der Landschaft».

Un écran de verre monté sur un trépied cadre à volonté le paysage selon le point de vue choisi. On y lit l'inscription « 0 m». Cette œuvre de 1991 fait partie de sa série «Le commencement du paysage».

7 Michel Ritter, Terry Fox, Kim Jones
Im kleinen, unterhalb des Hotels liegenden ehemaligen Stromgeneratorenhaus, befindet sich die 1987 realisierte Installation von Michel Ritter. Eine Super-8-Filmprojektion lässt an der Innenwand abwechselnd Bilder einer Fabrik und einer Kirche zur Tonkulisse von Walfischrufen erscheinen.
Der künstlerische Eingriff von Terry Fox bestand darin, 1990 einzelne hier vorgefundene Gegenstände durch Lettern mit neuen Bedeutungen aufzuladen.
Kim Jones machte am 1. August 1991 auf dem leicht schiefen Dach dieses niederen Gebäudes eine seiner «Mud Man»-Performances, die von Kriegserlebnissen in Vietnam beeinflusst sind. Davon sind die an Panzersperren erinnernden Gebilde aus in der Umgebung gefundenem Holz geblieben.

Dans le bâtiment en contre-bas de l'hôtel, où se trouve une ancienne génératrice, l'installation de Michel Ritter de 1987 consiste en un film super-8 projetant sur l'un des murs les images alternées d'une usine et d'une église au son d'un appel de baleines.
L'intervention de Terry Fox vise à modifier par le lettrisme divers objets trouvés sur place dans la génératrice en 1990.

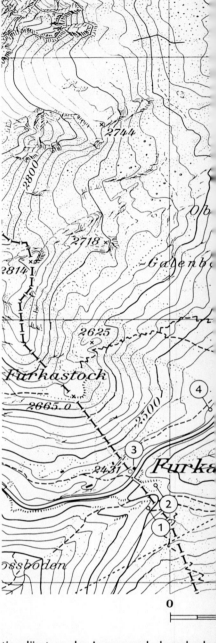

Richard Long, Wind line over the Furkapass, a westward walk, the wind direction at every half hour 1989.

Mes remerciements s

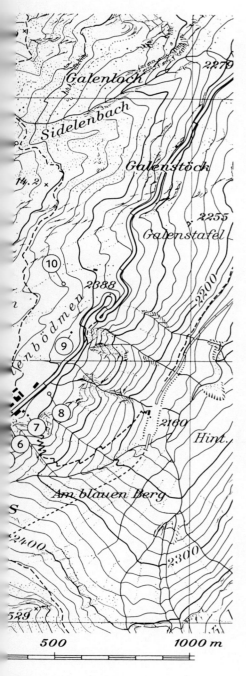

Kim Jones a choisi le toit de cette construction pour une performance le 1er août 1991 basée sur ses expériences du Vietnam «Mud Man», dont il subsiste de frêles assemblages en bois évoquant des défenses militaires.

ROYDEN RABINOWITCH
Auf einer abgerundeten Geländeformation am Abhang des nach Osten führenden Tales hat Rabinowitch 1987 drei leicht konkav und konvex gebogene, oval ausgeschnittene Stahlplatten in die Grasnarbe eingelassen. Sie treten mit den topographischen Gegebenheiten in einen leisen, aber spannenden Dialog.

Trois plaques en acier découpé sont insérées dans la fine couche d'humus qui à cet endroit recouvre la roche. Concaves ou convexes, ces sculptures de 1987 répondent à la dénivellation du sol et entretiennent un paisible dialogue avec la morphologie du site.

9 LAWRENCE WEINER, GÜNTHER FÖRG
Neben dem Hirtenunterstand hat Lawrence Weiner 1990 auf einem Granit-Grenzstein eine Metallplakette montiert. Sie ist ebenso wie die von ihm gestalteten Hotelschlüsselträger mit der Inschrift «Covered by Clouds» versehen.
Im Innern des Unterstands hat Günther Förg 1989 an den Wänden zwei Zement-Reliefs erstellt.

Près de la bergerie, une plaque de métal de Lawrence Weiner fixée sur une borne de granit porte l'inscription «Covered by Clouds» que l'on retrouve sur les porte-clés des chambres de l'hôtel réalisés par le même artiste en 1990.
A l'intérieur de la bergerie, Günther Förg en 1989 a travaillé sur le mur à deux reliefs en ciment.

10 JOHN HILLIARD
Sein Werk «Plein-air» von 1988 besteht aus einer in einen Stein eingelassenen Kupferplatte, auf der die fotografische Wiedergabe eines benachbarten Felsen spiegelbildlich verdoppelt eingraviert ist.

L'œuvre de 1988 intitulée «Plein-air» est faite d'un disque de cuivre encastré dans une pierre. Y est gravé la photographie dédoublée d'un rocher visible depuis cet endroit.

11 JENNY HOLZER
Bei ihrem Beitrag von 1991 entschied sich die Künstlerin der «Truisms», Sätze in vier Sprachen wie «Identifier ses peurs rassure» oder «Any surplus is immoral» in urtümlicher Manier auf Felsen im Umkreis von 200 Metern einritzen zu lassen.

Pour sa contribution consistant en «Truisms» l'artiste, en 1991, a simplement fait graver dans la roche des phrases en quatre langues, telles que «Identifier ses peurs rassure» ou «Any surplus is immoral», qu'on trouve au-dessus du sentier dans un rayon de 200 m environ.

12 RENÉ ZAECH
Seine 1991 gefertigte Skulptur ist eine Maquette für einen Triangulationsmerkpunkt, wie er ab und zu auf Berggipfeln vorkommt. Aber der vom Künstler gewählte Standort entspricht überhaupt nicht dem, was der Geometer oder Kartograph erwartet. Ein zweites Modell steht auf einem Miniaturfelsen im Hotel auf einem Fenstersims.

Sa sculpture réalisée en 1991 est une maquette pour un point de triangulation, mais son emplacement choisi par l'artiste ne correspond pas à ce que le géomètre ou le cartographe en attend. Le même objet se retrouve en modèle réduit sur une pierre posée à l'intérieur de l'hôtel sur le rebord d'une fenêtre.

FURKART 1993
An der 10. Saison der Furkart beteiligen sich folgende KünstlerInnen:
La dixième saison de Furkart se déroule avec la participation des artistes suivants :

GLEN BAXTER (*1944, London). *Seine figürlichen Darstellungen nehmen den Stil naivistischer Illustrationen aus der Unterhaltungsliteratur unserer Grosseltern auf; doch fallen bei ihm die flotten Protagonisten dieser Bilderwelt aus der gewohnten Rollen, indem sie aus dem Kontext gelöst und etwa durch den Einschub absurder Legenden oder unerwarteter Gegenstände in ihrer Bedeutung leicht, aber wirksam verschoben werden.*
G.B., *dont les images évoquent le style délicieusement suranné des illustrations anonymes qui charmaient nos grands-parents. Mais les héros rocambolesques peuplant ces oeuvres sont ici isolés de leur contexte habituel et, soit par des légendes en contradiction flagrante avec les codes narratifs, soit par la présence d'éléments insolites, deviennent soudain des aventuriers déphasés.*
ALIX LAMBERT (* New York). *Die konzeptuellen Arbeiten der Künstlerin zielen präzise auf die Zwiespältigkeit der Rezeption - ihre letzten Ausstellungen bestanden aus der Dokumentation eines Projekts "Just Maried to get Divorced". Auch bei ihren Plastiken vereinigen sich, unter einer gemeinsamen Hülle, gegensätzliche und dennoch zu einer komplementären Lektüre einladende Ideen wie voll und leer, Sinn und Un-Sinn, freies Spiel und funktionale Verpflichtung.*
A.L., *qui dans son travail conceptuel vise à l'ambiguïté - ses récentes expositions montraient la documentation d'un projet intitulé "Just Married to get Divorced". D'autre part, l'artiste réalise des sculptures où se trouvent réunies sous une même enveloppe des idées contraires invitant à une lecture complémentaire, le plein et le vide, sens et non-sens, pur jeu et utilitarisme.*
JEAN-LUC MANZ (*1952, Lausanne). *Mit Sorgfalt und sehr diskret, aber mit einem spielerischen Geist, ist er auf der Suche nach der sogenannten reinen Malerei. Dabei entstehen Werke von grosser Frische und mitteilsamer Lebendigkeit, die gelegentlich gegen die Regeln der geometrischen Abstraktion verstossen, um dieser Kunstrichtung einen neuen Schwung zu geben.*
J.-L.M., *dont les recherches portent, avec rigueur et discrétion mais dans un esprit ludique, sur la peinture dite pure. De son expérimentation empreinte de curiosité et sans partis-pris, qui bouscule quelque peu les conventions de l'abstraction géométrique pour lui instiller un second souffle, résultent des oeuvres d'une grande fraîcheur et d'un dynamisme communicatif.*
STEVEN PARRINO (*1958, New York). *Bekannt wurde er für seine Präsentierung "schlecht" gespannter Leinwände. Diese barocken Drapierungen zeugen von einer unbelasteten Haltung zur monochromen Malerei und unterstreichen den Objektcharakter des Bildträgers. Doch verbinden sie ebenso die vermeintlich unversöhnlichen Positionen des Minimal, der Pop Art und des Gestuellen.*
S.P., *qui s'est fait connaître par ses propositions consistant en des toiles "mal tendues". Les draperies baroques dont il habille les châssis semblent afficher une attitude irrévérencieuse face au monochrome et affirment le caractère objectal du tableau. Elles n'en jettent pas moins un pont entre les positions en apparence inconciliables du minimal, du pop art et du gestuel.*
ROMAN SIGNER (*1938, St. Gallen). *"Poetische Ereignisse" nennt der Künstler gern seine flüchtigen, oft explosiven Eingriffe. Die von ihm geplanten und realisierten Aktionen setzen zwar die Beherrschung exakter Naturwissenschaften und die minutiöse Kalkulierung jedes Details voraus, doch geschieht dies zu friedlichen, magischen Zwecken. So wirken sie denn auch nicht auf den Ort ihres Geschehens, sondern durch ihren Zauber auf die Vorstellung der BetrachterInnen ein.*
R.S., *qui pratique selon les lieux des interventions fugaces, souvent explosives. Il les nomme volontiers "évènements poétiques", car si elles ne sont possibles que grâce à la maîtrise de sciences dites naturelles et si chaque détail s'y trouve minuté avec précision, c'est à des fins tout à fait pacifiques et magiques: les traces de leur passage ne s'impriment pas sur les lieux d'opération, mais dans l'imagination du spectateur.*

FURKAPASSHÖHE JULI AUGUST SEPTEMBER
HOTEL FURKABLICK   TELEPHON 044 672 97

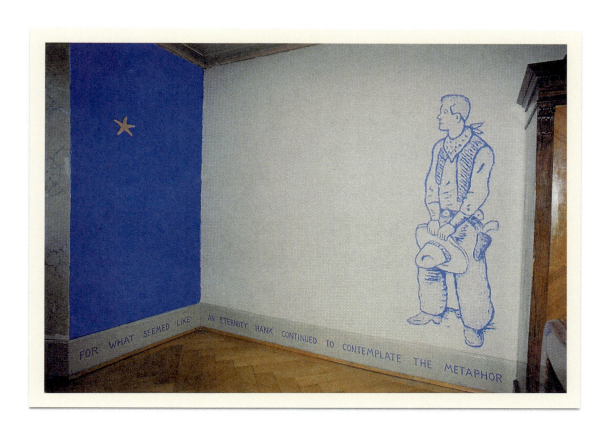

Glen Baxter
Zimmer 35 1993

© FURKART · CH-6491 FURKAPASSHÖHE · TEL. 041 887 07 17 (AB MÄRZ 1996)

Photo: Stefan Rohner

Alix Lambert
Kehrichtsäcke mit Beton 1993

© FURKART · CH-6491 FURKAPASSHÖHE · TEL. 041 887 07 17 (AB MÄRZ 1996)

Photo: Claude Joray

Jean-Luc Manz
Giuseppe 1993

© FURKART · CH-6491 FURKAPASSHÖHE · TEL. 041 887 07 17 (AB MÄRZ 1996)

Photo: Jean-Luc Manz

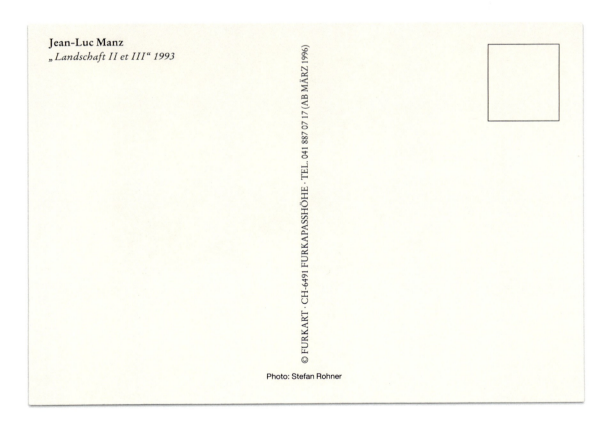

Jean-Luc Manz
„Landschaft II et III" 1993

© FURKART · CH-6491 FURKAPASSHÖHE · TEL. 041 887 07 17 (AB MÄRZ 1996)

Photo: Stefan Rohner

Roman Signer
Tisch mit Raketen 1993

© FURKART · CH-6491 FURKAPASSHÖHE · TEL. 041 887 07 17 (AB MÄRZ 1996)

Photo: Stefan Rohner

Roman Signer
Installation 1993

© FURKART · CH-6491 FURKAPASSHÖHE · TEL. 041 887 07 17 (AB MÄRZ 1996)

Photo: Stefan Rohner

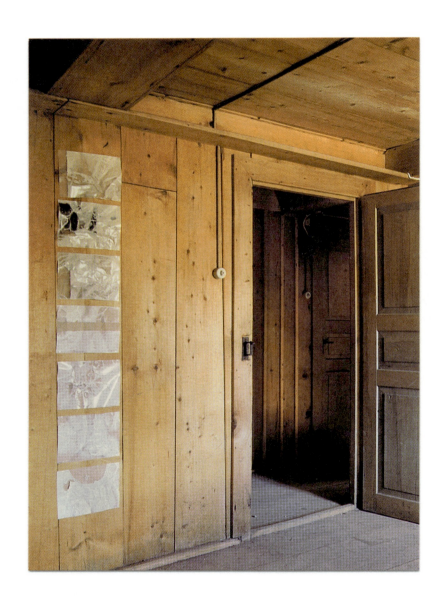

Steven Parrino
Drawings' installation 1993

© FURKART · CH-6491 FURKAPASSHÖHE · TEL. 041 887 07 17 (AB MÄRZ 1996)

Photo: Claude Joray

Steven Parrino
1993 Fucked Ground (for Pino Pascali)

© FURKART · CH-6491 FURKAPASSHÖHE · TEL. 041 887 07 17 (AB MÄRZ 1996)

Photo: Alain Germond

Victor Burgin

(né en 1941, Grande-Bretagne) s'intéresse à la façon dont l'image et les mots s'interpénètrent. Pour sa recherche, artistique il recourt à la photographie qu'il combine avec des textes souvent tirés de la publicité ou d'une propagande politique. Ce qui est frappant au premier abord est le fait que le texte ne semble avoir aucune relation avec la photographie, que les liens ainsi créés ne dépendent que de la volonté de l'artiste. En effet, la photographie n'est plus là afin d'illustrer un texte et vice-versa. Chaque élément peut exister de façon indépendante, la narration n'est point continue. Victor Burgin développe des suites d'images qui n'ont pas de rapport direct entre elles, qui pourraient même être échangées. Ce manque de linéarité déroute le spectateur qui chercherait à constituer une histoire. Mais selon l'artiste qui s'intéresse de près à la psychologie humaine, la perception d'une œuvre est une chose infiniment personnelle et varie suivant les expériences différentes de chaque spectateur. Victor Burgin s'interroge également sur les différents systèmes de représentation, sur les rapports entre l'œuvre d'art et le monde extérieur, le quotidien. Son œuvre, très dense en références et codes, intègre le spectateur dans un processus interactif lui permettant de lire une approche critique de la société.

Victor Burgin (geboren 1941, Grossbritannien) untersucht in seinen Arbeiten die gegenseitige Wechselwirkung von Text und Bild. Als stilistisches Vokabular benutzt er Fotos, die von einem Text, einer Legende, begleitet werden. Es fällt auf, dass der Text keine direkte Verbindung zum Bild herstellt, dass er sogar gegen einen anderen Text austauschbar wäre. Diese zwei voneinander unabhängigen Elemente steigern sich in der Aussage der gesamten Arbeit. Die Erzählung ist keine kontinuierliche, sondern bruchstückhaft und der Betrachter versucht vergebens, eine Geschichte zu lesen. Victor Burgin, der in seinen Fotos auf die Welt der Massenmedien eingeht, interessiert sich auch für die Rezeption eines Kunstwerks: die Betrachtung und Interpretation von Kunst ist eine sehr persönliche Angelegenheit, da jeder Mensch andere Erfahrungen, andere Sichtweisen einbringt. Der Künstler interessiert sich auch für die verschiedenen Darstellungsweisen, für die vielfältigen Beziehungen zwischen Kunstwerk und Alltagswelt. Seine Arbeiten beinhalten eine grosse Anzahl von Referenzen und Kodierungen, die vom Betrachter ein interaktives Verhalten fordern. Der künstlerische Akt besteht ebenfalls im Hinterfragen der Welt und den Bildern, die sie von sich selbst entwirft. Die kritische Analyse der Gesellschaft bildet einen wichtigen Bestandteil von Victor Burgins Arbeiten.

Christian Floquet

(né en 1961, CH) conçoit la peinture dans la tradition du modernisme. Ses toiles se réitèrent aux questions de l'abstraction dans l'histoire de la peinture abstraite. L'artiste étudie les relations entre deux formes et deux couleurs réunies sur une seule toile. Il s'intéresse à la présence du plan comme espace voir comme volume et crée des tensions dans la composition en utilisant la diagonale. Le triangle fait figure d'élément primordial de la construction de l'image. La question se pose alors de savoir quel est le fond de la peinture et quel est la forme qui évolue sur ce fond. Le spectateur a en effet différentes possibilités de lecture, le jeu des couleurs créant un rapport de force, une tension. Christian Floquet exploite des frontières de manière conséquente: la plus importante étant la limite du support, de la toile, à laquelle s'ajoute celle de la délimitation des formes, de la surface peinte. Pour accentuer la tension de ses œuvres, l'artiste restreint sa palette. Le blanc peut être à la fois support et/ou la structure principale, déterminant ainsi la toile. Le geste de peindre est réduit au maximum, la neutralité de la touche est un élément stylistique qui se réfère également à une tradition de peindre ancrée dans la modernité. L'œuvre de Christian Floquet découle en quelque sorte de la tendance «Néo-géo» mais l'artiste a parfaitement su garder son authenticité.

Die Arbeiten von Christian Floquet (geboren 1961, CH) stehen in direktem Bezug zur Tradition der abstrakten Malerei und zu ihren verschiedenen Fragestellungen. Der Künstler interessiert sich für die vielfältigen Beziehungen von zwei Formen und zwei Farben, die sich auf einer Leinwand befinden. Die Flächigkeit der Bildoberfläche kann sowohl als Raum wie auch als Volumen gelesen werden. Diagonalen verstärken die Spannung und die Verwendung des Dreiecks als Hauptelement des Bildaufbaus führt zu Konstrukten, von denen man nicht genau sagen kann, welche Form den eigentlichen Malgrund bildet und welche die Funktion des Vordergrunds innehat. Dem Betrachter öffnen sich verschiedene Anschauungsweisen, die durch die Kombination der Farben eine verstärkte Spannung erhalten. Christian Floquet untersucht die Grenzen der Malerei, sowohl diejenigen der Leinwand, wie auch die der Farben und Formen. Der Malgestus ist aufs äusserste reduziert, der Arbeitsprozess so unpersönlich wie möglich. Der Künstler erreicht auf diese Weise die grösstmögliche Objektivierung seiner Arbeiten, die in der Nähe der «Neo-Geo-Bewegung» gesehen werden können.

Filip Francis

Cet artiste belge (né en 1944, Belgique) s'intéresse dans ses œuvres à la perception visuelle. Pour lui, le monde pictural ne correspond pas à une vision rétinienne correcte. L'artiste élargit le champ pictural jusqu'au champ de vision périphérique. Il veut dépasser la platitude de la toile pour lui substituer des formes courbes qui correspondent à la vision périphérique; si au milieu de ses œuvres les traits sont nets, ils ont tendance à s'estomper vers les côtés. Ainsi le flou et les formes indistinctes forment une partie aussi importante que les surfaces nettes, clairement définies. Que se passe-t-il lorsqu'on regarde un axe central et simultanément la main gauche et la main droite, à partir de quel moment le champ pictural devient-il flou? Le travail de Filip Francis découle d'une connaissance scientifique approfondie: la vision périphérique occupe plus de 90% de la surface de la rétine et elle est responsable de notre perception des choses environnantes. En peinture, la question de cette perception visuelle fut longtemps négligée: il ne faut pas oublier que depuis le Quattrocento, le monde pictural se trouvait limité par une perspective centrale qui ne fut mise en question qu'à partir de ce siècle. Dépasser le champ visuel central des spectateurs, telle est la préoccupation artistique de Filip Francis. C'est ainsi qu'il tire l'attention du spectateur sur le fait que notre perception, telle que nous la croyons «vraie», n'est qu'une illusion codée.

Die Arbeiten des belgischen Künstlers Filip Francis (geboren 1944, Belgien) beschäftigen sich mit dem in der Malerei lange vernachlässigten Thema der visuellen Wahrnehmung. Die seit dem Quattrocento übliche Perspektive mit einem zentralen Fluchtpunkt entspricht nicht der wirklichen Wahrnehmung, da die peripheren Blickwinkel darin fehlen. Der Künstler überwindet die lineare Flachheit der Malerei, indem er die leicht gekurvten Linien der Wahrnehmung von Randzonen in seine Arbeiten miteinschliesst. Sind die Linien und Flächen in der Mitte eines Bildes noch genau abgegrenzt, werden sie gegen die Seiten weicher, runder und verwischter.
Was passiert, wenn man eine Mittelachse und gleichzeitig die linke und die rechte Hand betrachtet, von welchem Punkt an wird das Feld der Wahrnehmung verschwommen? Die Arbeiten von Filip Francis haben einen fundierten wissenschaftlichen Hintergrund: 90% der Netzhaut ist für unsere Wahrnehmung von umliegenden Dingen, für die Peripherie, zuständig. Mit seinen Arbeiten weist der Künstler den Betrachter darauf hin, dass alles, was wir «richtig» zu sehen glauben, in Realität nur eine kodierte Illusion ist.

Bethan Huws

(née en 1961, Grande-Bretagne) Son art est au premier abord d'une discrétion exemplaire. Lorsqu'on regarde ses installations (par exemple celle à la Kunsthalle de Berne en 1991) on remarque des altérations subtiles dans l'espace: sur le parquet de la Kunsthalle elle avait fait construire un deuxième parquet qui se différenciait du premier uniquement par la taille. Bethan Huws rajoute à l'espace ce qui y existe déjà et fait apparaître plus distinctement le lieu et son architecture. Elle refait ce qui est déjà existant et témoigne ainsi du respect au lieu.

Ses interventions avec leur côté non spectaculaire, anodin, provoquent souvent des réactions vives auprès du public qui n'est pas habitué à se concentrer sur l'essentiel, sur le dédoublement de ce qui est déjà là. Le travail de Bethan Huws a un côté anonyme car l'artiste s'efforce au maximum d'évincer tout ce qui pourrait être personnel. Elle désire que l'œuvre puisse exister indépendamment de la personne de l'artiste et de ses propres sentiments. Son travail découle principalement d'une analyse formelle de l'espace dans laquelle elle s'efforce de repérer les endroits les moins remarqués, les moins vus. En les accentuant dans ses interventions, elle axe le spectateur sur le champ de la réflexion, à savoir qu'est-ce qu'un lieu et qu'en est-il de sa perception quotidienne telle que nous la concevons habituellement.

Die Arbeiten von Bethan Huws (geboren 1961, Grossbritanien) sind auf den ersten Blick sehr unauffällig. Ihre künstlerischen Interventionen verschwinden beinahe in den gegebenen Räumen. In der Kunsthalle Bern hatte sie 1991 einen Parkettboden über das bereits existierende Parkett legen lassen, einziger Unterschied war die kleinere Fläche des «künstlichen» Parketts. Bethan Huws konzentriert sich auf bereits in einem Raum existierende Sachen und lenkt auf diese Weise das Augenmerk des Betrachters auf den Ort und seine Architektur. Ihre sehr diskreten Installationen, die sie so unpersönlich wie möglich hält, rufen bei den Betrachtern kontroverse Reaktionen aus. Die Künstlerin interessiert sich nicht für das Blossstellen ihrer eigenen Gefühle, sondern versucht, sich persönlich möglichst zurückzuziehen. Das Werk soll anonym, ohne direkten Bezug zu ihr existieren können. Die Arbeiten von Bethan Huws enstehen aufgrund einer genauen formellen Analyse des Raumes: die anscheinend unwichtigsten Ecken sind ihr die Liebsten. Indem sie sie durch ihre Arbeit betont, regt sie den Besucher zum Nachdenken über die Qualitäten eines Raumes an, der mit Bethan Huws' Interventionen durchaus eine symbolische Wirkung erhalten kann.

Claude Rutault

(né en 1941, France) Sa démarche artistique n'est pas toujours perçue au premier abord: l'artiste a l'habitude d'accrocher une toile peinte de la même couleur que le mur sur lequel elle est accrochée. Pour ceci, il ne choisit pas nécessairement les murs centraux les plus importants d'un espace, son intervention peut également avoir lieu dans un petit coin discret ou encore au plafond. Quel que soit son matériau, Claude Rutault considère comme mur chaque surface apte à recevoir un tableau. Ce qui l'intéresse est le rapport entre le mur et la toile. Son travail est transportable, applicable à différents endroits selon les directives de l'artiste; l'appartement de particuliers peut tout aussi bien accueillir ces œuvres qu'un musée. Le mur et la toile peints dans une même couleur monochrome créent une ambiguïté: est-ce que la toile se fond dans le mur pour quasiment y disparaître ou la présence du mur est-elle accentuée dans l'espace? L'artiste affirme la nécessité de peindre pour qu'une toile et un mur apparaissent identiques sous l'angle de la couleur. Sa recherche artistique poursuit la tradition de la peinture monochrome inaugurée par Rodchenko.

Auch Claude Rutaults (geboren 1941, Frankreich) Arbeiten sind nicht immer auf den ersten Blick sichtbar: der Künstler hängt ein monochromes Oelbild auf eine Wand in derselben, monochromen Farbe. Als Bildträger dient ihm jegliche Art von Mauer, ob es eine Decke oder eine Wand ist, spielt keine Rolle. Die Arbeiten von Claude Rutault sind transportierbar, in einer Privatwohnung kommen sie ebenso zur Geltung, wie in einem Museum. Für den Künstler steht das Konzept der Arbeit im Vordergrund. Er interessiert sich für das Verhältnis von Wand und Bild, von Bild und Bildträger und für die Spannungen, die sich daraus ergeben. Die Farbe ist ein grundlegendes Thema seiner künstlerischen Interventionen und mehr als ein blosses Stilmittel. Claude Rutault steht mit seinen monochromen Werken und mit seinem künstlerischen Konzept klar in der Tradition der mit Rodchenko begonnenen Tradition der monochromen Malerei.

Participations:

1983 James Lee Byars.

1984 Marina & Ulay Abramovic, James Lee Byars, Joseph Beuys, Yukata Matsuzawa, Panamarenko.

1985 Baltasar Burkhard, Dominique Stroobant.

1986 Guillaume Bijl, Res Ingold, Jean Le Gac, Per Kirkeby, Hamish Fulton.

1987 Daniel Buren, Luc Deleu, Ian Hamilton Finlay, Kasuo Katase, François Morellet, Olivier Mosset, Royden Rabinowitch, Michel Ritter.

1988 Daniel Buren, Gianni Colombo, John Hilliard, Rainer Ruthenbeck, Christoph Rütimann, Rémy Zaugg.

1989 Günther Förg, Richard Long, Panamarenko, Lawrence Weiner, Monica Klingler, Anna Winteler.

1990 Roger Ackling, John Armleder, Terry Fox, Marc Luyten, Niele Toroni.

1991 Steve Doughton & Alex Wilson, Gretchen Faust, Pierre André Ferrand, Paul-Armand Gette, Jenny Holzer, Kim Jones, Dorothée von Windheim, René Zäch.

1992 Ian Annül, Terry Atkinson, Andreas Christen, Ria Pacquée, John Nixon.

1993 Glen Baxter, Alix Lambert, Jean-Luc Manz, Steven Parrino, Roman Signer.

Remerciements

Mes remerciements spécialement pour 1994 à: Canton du Valais, Georges et Jenny Bloch-Stiftung, Kanton Uri, Migros-Genossenschafts-Bund, Ricola, Association Française d'Action Artistique, Ministère de la Culture Flamande, British Council, Schweizer Stiftung Pro Helvetia

Furkart

Hotel Furkablick
CH-6491 Furkapasshöhe
Telefon 044 672 97
Fax 044 672 44

max bill
feuerplatz auf der furkapasshöhe 1994

© FURKART · CH-6491 FURKAPASSHÖHE · TEL. 041 887 07 17 (AB MÄRZ 1996)

Photo: Claude Joray

FURKART 1983 - 1994

Chaque saison, depuis plus de dix ans, *FURKART* invite un certain nombre d'artistes à contribuer par leur réflexion et/ou par des propositions concrètes à faire revivre un site exceptionnel: point culminant du franchissement d'un col alpin, le lieu est marqué par un hôtel où l'on faisait étape à l'époque des diligences, qui n'est accessible qu'en été (de juillet à septembre) et n'a pas subi les remaniements successifs des endroits soumis à une haute fréquentation touristique. Ces artistes sont invité(e)s en fonction de leur sensibilité, de leur intérêt et de leur aptitude présumée à réagir par rapport à la situation rencontrée. Nombre d'entre eux/elles ont choisi d'entrer en dialogue avec les particularités de la nature environnante au moyen d'interventions éphémères ou plus durables. (Consulter le plan du site affiché dans le hall)

D'autres ont également pris pour cadre de leur travail les divers espaces mis à leur disposition à l'intérieur même de l'hôtel *FURKABLICK* ou ont préféré travailler à l'écart sous les conditions de 'laboratoire artistique' que permet le local de la *DÉPENDANCE*, situé à 600 m de l'hôtel. Voici un inventaire provisoire des oeuvres visibles:

RESTAURANT

Repensé dans la partie la plus ancienne de l'Hôtel *FURKABLICK*, le restaurant nouvellement aménagé pour l'accueil de 'clients de passage' doit son aspect actuel, avec ses larges baies ouvrant sur la vallée et la montagne, à une redistribution respectueuse de l'espace donné par l'architecte **REM KOOLHAAS** et son équipe **OMA** qui y a également conçu un sas d'entrée ainsi qu'une terrasse panoramique en surplomb (1989-91).
En accédant au *sous-sol*, on trouve une intervention murale discrète de **FRANÇOIS MORELLET** étroitement liée à ces récentes mesures architecturales: réalisée en 1992 et intitulée 'Hommage à Muybridge', elle consiste en cinq incisions qui, fraisées dans un mur préexistant, font écho au dynamisme des nouveaux escaliers métalliques créés par **OMA**.

HÔTEL

DANS L'ANCIENNE ENTRÉE PRINCIPALE
Cette entrée (donnant sur la route du Col) contient un assemblage de **MICHEL RITTER** fait d'un entassement d'objets hors d'usage susceptibles d'avoir quelques temps servi dans le cadre de l'hôtel. L'oeuvre occupe depuis 1989 la place d'une installation précédemment réalisée en 1986 avec le même type d'ustensiles et au même endroit - sur le thème du tourisme alpin - par Guillaume Bijl.

RÉCEPTION
Le livre marqué 'Inventur', dûment rangé sur une étagère, a été utilisé par **JOHN NIXON** pour son travail de 1992: y sont minutieusement consignés, en dernière page, la nature et l'emplacement des quatre interventions effectuées sur les lieux par l'artiste. (Ce livre se consulte sur demande)
La mention 'COVERED BY CLOUDS' qui se lit sur le porte-clé de toutes les chambres de l'hôtel correspond à une proposition de **LAWRENCE WEINER**, 1989.

ANCIENNE SALLE À MANGER
A présent aménagé en salle de séjour, cet espace dont la superbe ambiance fin-de-siècle s'est conservée fait aussi fonction de bibliothèque et permet au public de se documenter sur les artistes qui ont jusqu'ici contribué à *FURKART*. La salle abrite momentanément deux toiles monumentales réalisées par **OLIVIER MOSSET** dans la *DÉPENDANCE* lors de son séjour en 1987; de la même année datent les vestiges, disposés dans une vitrine, du travail de **JEAN LE GAC**, 'L'Echo'. Sur les fenêtres sud et est, on trouve des inscriptions de **MARC LUYTEN** (1990; voir aussi ci-dessous: *ÉCRITOIRE*).

ÉCRITOIRE
Outre de la littérature relative à la flore, la géologie ou l'histoire alpine, on peut y consulter le 'plan' selon lequel **MARC LUYTEN** en 1990 a disséminé ça et là à travers l'hôtel divers fragments de textes d'après Paul Celan par tamponnage de mots sur les vitres. (Demander la clé à la *RÉCEPTION*)

HALL
Dans des vitrines à souvenirs sont rangées les 'reliques' - objets, documents hétéroclites ou maquettes des artistes ayant travaillé sur les lieux depuis les débuts de *FURKART*. Les trois vitrines suspendues contiennent respectivement: les études et propositions de **IAN HAMILTON FINLAY** se rapportant à son 'Hommage à Hodler', taillé dans la pierre et dans le paysage en 1987; des traces du passage, pêle-mêle et de gauche à droite, de: **ROGER ACKLING** en 1990, **ROMAN SIGNER**, 1993, **KIM JONES**, 1991, **OLIVIER MOSSET**, 1987, **NIELE TORONI**, 1990, **CHRISTOPH RÜTIMANN**, 1988 et **RICHARD LONG**, 1989, ainsi que le concept de **STANLEY BROWN**, 1988. Enfin, une dernière vitrine est réservée aux recherches menées à bien dès 1984 par **PANAMARENKO**.

ESCALIER MENANT AUX ÉTAGES
Au mur, entre rez-de-chaussée et palier, le fil électrique installé par **FRANÇOIS MORELLET** rappelle par son tracé la situation topographique de l'hôtel; ses deux diodes clignotantes indiquent les emplacements respectifs

d'une installation extérieure bipartite au néon qu'on a pu apercevoir, par beau temps, durant la saison 87. Sur le rebord de fenêtre à l'entre-sol menant au 1er étage se trouve l'un des deux points de triangulation construits en 1991 par *RENÉ ZÄCH*.

1er ÉTAGE
Dans le couloir, une photographie gravée sur verre et montée dans une vitrine est l'oeuvre de *JOHN HILLIARD*, 1989. De *CHRISTOPH RÜTIMANN*, l'objet au sol constitue le segment restant d'une installation conçue pour l'extérieur en 1988, évoquée par la vidéo intitulée 'Ein stehender Ton' visible à proximité.
La chambre no 6, accessible au public, permet d'étudier les divers projets et plans ayant trait à la rénovation de l'hôtel Furkablick ainsi que des bâtiments annexes, confiée à trois architectes différents; le projet de *REM KOOLHAAS*, relatif au nouveau restaurant, s'est concrétisé en 1990-92; celui de *LUC DELEU*, pour la Dépendance, est en cours de réalisation. Quant à *MAX BILL*, l'artiste après avoir pendant sept ans examiné la question sous divers angles a finalement opté pour une solution concernant non pas l'architecture existante, mais l'emplacement premier des fondations de l'hôtel, au sommet du Col de la Furka: sa proposition 'Feuerplatz', aboutie en 1994, est un 'foyer' dans l'esprit de ses récents pavillons modulaires.

2e ÉTAGE
Au fond du couloir, de part et d'autre d'une nature morte (oeuvre d'un empailleur anonyme), se font face deux oeuvres en fil rouge, montées en épingle par *GRETCHEN FAUST* en 1992 et intitulées 'Double Num'.

3e ÉTAGE
'la mémoire', inscrite sur la fenêtre du corridor, et 'oublier', sur une toile brute accrochée dans la chambre no 38, sont deux autres fragments du travail de *MARC LUYTEN* (pour plus de clarté, voir ci-dessus: *ÉCRITOIRE* et *ANCIENNE SALLE À MANGER*). La chambre no 35 a été repeinte à neuf en 1993 par *GLEN BAXTER*.

SOUS-SOL
La salle à manger comporte depuis 1990 les "empreintes de pinceau no 50 répétées à 30 cm d'intervalle" de *NIELE TORONI*. Par ailleurs, les murs ici sont réservés à la présentation de documents photographiques se rapportant aux interventions temporaires in situ jusqu'ici réalisées par *JAMES LEE BYARS* ('A Drop of Black Perfume', action de 1983), *ABRAMOVIC / ULAY* ('Nightsea Crossing', performance d'une durée de sept heures, le 22 septembre 1984), *PANAMARENKO* (développement d'une nouvelle machine à voler, plusieurs semaines en 1984 également), *JEAN LE GAC* ('L'Echo', 1987) et *DOROTHEE VON WINDHEIM* (performance 'Hier ist eine blaue Blume, die ich Ihnen zeigen wollte', le 17 août 1991).
Dans l'entrée, un dessin-collage de *MARIO MERZ*, fait en 1994; sur la nouvelle porte vitrée qui permet d'entrevoir - par temps dégagé - à plus de 2400 m d'altitude un peu du paysage environnant, l'intitulé '0 m' (zéro mètres) de *PAUL ARMAND GETTE*, 1991.
Dans la cuisine, un travail sur bois de *ROGER ACKLING*, 1990. Sur les parois du robot ménager assurant l'aller-retour entre sous-sol et 1er étage, des cartes postales qui constituent les éléments d'une correspondance amorcée en 1993 avec et par *GLEN BAXTER* (l'artiste a créé exprès un 'London Robotic Center').

DÉPENDANCE/ Passhöhe

On peut visiter dans ce bâtiment annexe actuellement en chantier (architecte: *LUC DELEU*; à 600 m de l'Hôtel Furkablick), les chambres du 1er et 2ème étage où sont mises en situation des oeuvres réalisées par les artistes suivants:

AU 1er ÉTAGE
Chambre no 1: *PIERRE ANDRÉ FERRAND*, 'Beati pauperi', une toile-objet et son environnement; aux nos 2 et 9, *JEAN-LUC MANZ*: 'Giuseppe', une installation au néon vert, plus trois tableaux 'Landschaft I-III', 1993; au no 4, *JOHN NIXON*, quatre peintures sur carton, faisant partie d'une intervention de 1992; aux nos 5-6, de *ROMAN SIGNER*, les restes d'une action exécutée en 1993 (cf. à ce sujet une balle-témoin, casée dans la première vitrine du Hall de l'hôtel); aux nos 7 et 8, *JOHN ARMLEDER*, toiles peintes en 1990; au no 8 également, des photographies de *RIA PACQUÉE* relatives à une intervention de 1992.

AU 2e ÉTAGE
Chambre no 10, *STEVEN PARRINO*, une toile froissée et des dessins sur polyester, 1993; au no 11, *ALIX LAMBERT*, une installation ainsi que des polaroïds sur le thème du balisage; en outre, de *CHRISTIAN FLOQUET*, deux peintures de 1994; au no 16, un concept pictural de *CLAUDE RUTAULT*, 1994.

Dans diverses autres pièces encore à l'état de capharnaüm, il est possible de voir les vestiges des oeuvres installées par *KAZUO KATASE, FRANÇOIS MORELLET, LUC DELEU* ou *GUILLAUME BIJL*; au rez-de-chaussée, des dessins de *PANAMARENKO, RÉMY ZAUGG* et *FILIP FRANCIS*.

État des choses: septembre 1994   Texte: Patricia Nussbaum

Filip Francis
L'installation 1994

© FURKART · CH-6491 FURKAPASSHÖHE · TEL. 041 887 07 17 (AB MÄRZ 1996)

Photo: Claude Joray

Filip Francis
Détail (en regardant le bord) 1994

© FURKART · CH-6491 FURKAPASSHÖHE · TEL. 041 887 07 17 (AB MÄRZ 1996)

Photo: Claude Joray

Christian Floquet
acryl sur toile 1994

© FURKART · CH-6491 FURKAPASSHÖHE · TEL. 041 887 07 17 (AB MÄRZ 1996)

Photo: Claude Joray

Mario Merz
Passo della Furka 1994

© FURKART · CH-6491 FURKAPASSHÖHE · TEL. 041 887 07 17 (AB MÄRZ 1996)

Photo: Claude Joray

FURKART 1995

Furkart, Hotel Furkablick, CH-6491 Furkapasshöhe. Telefon 044 672 97

WERKE IN DER UMGEBUNG
DES HOTELS FURKABLICK

OEUVRES DANS LES ENVIRONS
DE L'HÔTEL FURKABLICK

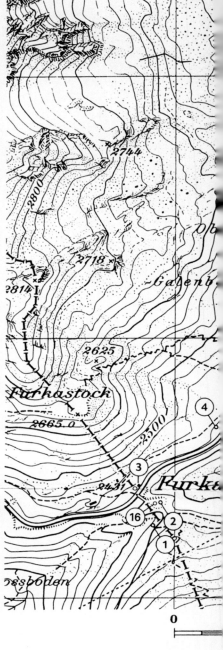

1 IAN HAMILTON FINLAY
Das Werk «Proposal for the Furkapass» von 1987 stellt, reliefartig aus der Oberfläche eines herumliegenden Felsbrockens gehauen, die Signatur von Ferdinand Hodler dar, der Anfangs unseres Jahrhunderts die Berglandschaft als heroisches Zeichen gemalt hat.

«Proposal for the Furka Pass» consiste en une signature d'artiste gravée en haut-relief dans un rocher en 1987: celle de Ferdinand Hodler qui, au début de notre siècle, a su parmi les derniers magnifier en peinture des paysages héroiques.

2 PER KIRKEBY
Ein knapp mannshohes, mit Backsteinen regelmässig gemauertes Gebilde markiert den Ostrand der kleinen Ebene auf dem Scheitelpunkt des Furkapasses. Diese eher grazil wirkende Plastik hat seit ihrer Erstellung 1986 bis heute den allwinterlichen Unwettern erstaunlich gut standgehalten.

Un édicule de briques litées de façon régulière marque le côté Est de la plate-forme qui surplombe les deux vallées menant au Col. Bien que d'un aspect fragile, cette sculpture aux proportions presque humaines a su, jusqu'à présent, résister aux intempéries hivernales auxquelles elle est exposée depuis sa construction en 1986.

**3 NIELE TORONI, RICHARD LONG,
OLIVIER MOSSET, JOHN ARMLEDER,
PIERRE ANDRÉ FERRAND, PANAMARENKO**
Auf der Längsfassade der Dépendance hat Niele Toroni 1990 einige seiner famosen «Abdrücke eines Pinsels Nr. 50, wiederholt in regelmässigen Abständen von 30 cm» angebracht. Sie ergänzen jene Gruppe Pinselspuren, die der Künstler im Innern des Hotels appliziert hat.
Richard Longs «Wind Line over the Furkapass» von 1989 besteht aus verschieden gerichteten Pfeilzeichen an den Rändern unter dem Giebel der Schmalseite des Gebäudes. Long hat damit die wechselnden Windrichtungen, die er während seines Marsches über die Furka in bestimmten Zeitintervallen feststellte, dokumentiert.
Im Innern der Dépendance finden sich Bilder auf Leinwand, die von Olivier Mosset 1987, John Armleder 1988, und von Pierre André Ferrand 1991 dort gemalt worden sind, sowie Zeichnungen von Panamarenko, der 1991 zum vierten Mal hier an einer Flugmaschine arbeitete.

Sur la facade principale de la Dépendance, une intervention de Niele Toroni en 1990 comporte des «empreintes de pinceau no 50 répétées à intervalles réguliers de 30 cm»; elles sont complémentaires de celles qui se trouvent à l'intérieur de l'hôtel Furkablick.

Richard Long a réalisé en 1989 «Wind Line over the Furkapass» sur les façades latérales. Des flèches peintes indiquent les changements de direction des vents, observés toutes les demi-heures lors de sa marche en 1989 entre Realp et Oberwald en empruntant le Col de la Furka.
A l'intérieur de la Dépendance se trouvent les toiles réalisées sur place par Olivier Mosset en 1987, John Armleder en 1990, Pierre André Ferrand en 1991 ainsi que des dessins de Panamarenko se rapportant à sa 4ème machine à voler développée in situ en 1991.

4 GRETCHEN FAUST
Die Durchbohrung eines Felsens von der einen Seite zur andern, welche die Künstlerin 1991 anlässlich einer Performance mit Kevin Warren vorgenommen hat, trägt den Namen «Instrument for listening-talking». Ihr Thema sind die Hindernisse und die Unvereinbarkeiten von visueller und auditiver Kommunikation.

La perforation d'un rocher de part en part, entrepris à l'occasion d'une performance de Gretchen Faust et de Kevin Warren en 1991, intitulée «Instrument for listening – talking», se réfère à l'incompatibilité de la communication visuelle et auditive.

5 DANIEL BUREN
Die 1989 realisierte Arbeit «La Visée» besteht aus 2 Teilen: einer Panorama-Informationstafel, auf der bloss die Zeichnung (nicht aber die Bezeichnung, Masse und Namen) der topografischen Umgebung zu sehen ist, und einer von dieser Tafel aus noch knapp sichtbaren, rot und weiss gestreiften Fahne auf den Stotzigen Firsten.

«La Visée», réalisé en 1989, est un travail en deux parties: un panneau d'information panoramique en bordure de route se limitant à un dessin sans aucune légende géographique, et un drapeau en toile rayée de bandes verticales rouges et blanches visible dans le lointain sur les Stotzigen Firsten.

6 PAUL-ARMAND GETTE
Eine auf einem Stativ montierte Glasscheibe bietet in der Durchsicht einen je nach Standpunkt bestimmten Landschaftsausschnitt. Auf der Scheibe findet sich die Inschrift « 0 m». Diese Arbeit aus dem Jahr 1991 gehört zu seiner Werkreihe «Der Beginn der Landschaft».

Un écran de verre monté sur un trépied cadre à volonté le paysage selon le point de vue choisi. On y lit l'inscription « 0 m». Cette œuvre de 1991 fait partie de sa série «Le commencement du paysage».

7 MICHEL RITTER, TERRY FOX, KIM JONES
Im kleinen, unterhalb des Hotels liegenden ehemaligen Stromgeneratorenhaus, befindet sich die 1987 realisierte Installation von Michel Ritter. Eine Super-8-Filmprojektion lässt an der Innenwand abwechselnd Bilder einer Fabrik und einer Kirche zu Tonkulisse von Walfischrufen erscheinen.
Der künstlerische Eingriff von Terry Fox bestand darin, 1990 einzelne hier vorgefundene Gegenstände durch Lettern mit neuen Bedeutungen aufzuladen.
Kim Jones machte am 1. August 1991 auf dem leicht schiefen Dach dieses niederen Gebäudes eine seiner «Mud Man»-Performances, die von Kriegserlebnissen in Vietnam beeinflusst sind. Davon sind die an Panzersperren erinnernden Gebilde aus in der Umgebung gefundenem Holz geblieben.

Dans le bâtiment en contre-bas de l'hôtel, où se trouve une ancienne génératrice, l'installation de Michel Ritter de 1987 consiste en un film super-8 projetant sur l'un des murs les images alternées d'une usine et d'une église au son d'un appel de baleines.
L'intervention de Terry Fox vise à modifier par le lettrisme divers objets trouvés sur place dans la génératrice en 1990.

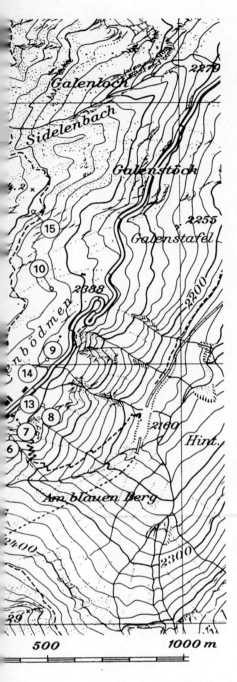

Kim Jones a choisi le toit de cette construction pour une performance le 1er août 1991 basée sur ses expériences du Vietnam «Mud Man», dont il subsiste de frêles assemblages en bois évoquant des défenses militaires.

ROYDEN RABINOWITCH
Auf einer abgerundeten Geländeformation am Abhang des nach Osten führenden Tales hat Rabinowitch 1987 drei leicht konkav oder konvex gebogene, oval ausgeschnittene Stahlplatten in die Grasnarbe eingelassen. Sie treten mit den topographischen Gegebenheiten in einen leisen, aber spannenden Dialog.

Trois plaques en acier découpé sont insérées dans la fine couche d'humus qui à cet endroit recouvre la roche. Concaves ou convexes, ces sculptures de 1987 répondent à la dénivellation du sol et entretiennent un paisible dialogue avec la morphologie du site.

9 LAWRENCE WEINER, GÜNTHER FÖRG
Neben dem Hirtenunterstand hat Lawrence Weiner 1990 auf einem Granit-Grenzstein eine Metallplakette montiert. Sie ist ebenso wie die von ihm gestalteten Hotelschlüsselträger mit der Inschrift «Covered by Clouds» versehen.
Im Innern des Unterstands hat Günther Förg 1989 an den Wänden zwei Zement-Reliefs erstellt.

Près de la bergerie, une plaque de métal de Lawrence Weiner fixée sur une borne de granit porte l'inscription «Covered by Clouds» que l'on retrouve sur les porte-clés des chambres de l'hôtel réalisés par le même artiste en 1990.
A l'intérieur de la bergerie, Günther Förg en 1989 a travaillé sur le mur à deux reliefs en ciment.

10 JOHN HILLIARD
Sein Werk «Plein-air» von 1988 besteht aus einer in einen Stein eingelassenen Kupferplatte, auf der die fotografische Wiedergabe eines benachbarten Felsen spiegelbildlich verdoppelt eingraviert ist.

L'œuvre de 1988 intitulée «Plein-air» est faite d'un disque de cuivre encastré dans une pierre. Y est gravé la photographie dédoublée d'un rocher visible depuis cet endroit.

11 JENNY HOLZER
Bei ihrem Beitrag von 1991 entschied sich die Künstlerin der «Truisms», Sätze in vier Sprachen wie «Identifier ses peurs rassure» oder «Any surplus is immoral» in urtümlicher Manier auf Felsen im Umkreis von 200 Metern einritzen zu lassen.

Pour sa contribution consistant en «Truisms» l'artiste, en 1991, a simplement fait graver dans la roche des phrases en quatre langues, telles que «Identifier ses peurs rassure» ou «Any surplus is immoral», qu'on trouve au-dessus du sentier dans un rayon de 200 m environ.

12 RENÉ ZAECH
Seine 1991 gefertigte Skulptur ist eine Maquette für einen Triangulationsmerkpunkt, wie er ab und zu auf Berggipfeln vorkommt. Aber der vom Künstler gewählte Standort entspricht überhaupt nicht dem, was der Geometer oder Kartograph erwartet. Ein zweites Modell steht auf einem Miniaturfelsen im Hotel auf einem Fenstersims.

Sa sculpture réalisée en 1991 est une maquette pour un point de triangulation, mais son emplacement choisi par l'artiste ne correspond pas à ce que le géomètre ou le cartographe en attend. Le même objet se retrouve en modèle réduit sur une pierre posée à l'intérieur de l'hôtel sur le rebord d'une fenêtre.

FURKART 1995

PETER FISCHLI, DAVID WEISS (CH) interviendront à l'extérieur d'une manière concrète, mais la démarche utilisera la durée comme quiproquo d'un renversement naturaliste.

BETHAN HUWS (GB) suite à sa présence de l'an dernier, cette artiste désire revenir sur le site pour mieux concevoir une réalisation.

MARIA NORDMAN (USA) le bleu cobalt de certaines fleurs pourrait influencer son travail.

DE PASSAGE...

Complément du plan:

13 **ALIX LAMBERT,**
«sacs poubelles et béton» 1993.

14 **MARIO MERZ,**
«Passo della Furka» 1994.

15 **FILIP FRANCIS,**
«L'installation» 1994.

16 **MAX BILL,**
«feuerplatz auf der furkapasshöhe» 1994.

La même clef est nécessaire pour les Nos 3, 7 et 9.

Mes remerciements vont spécialement pour 1995 à: Canton du Valais, Georges et Jenny Bloch Stiftung, Kanton Uri, Migros-Genossenschafts-Bund, Office fédéral de la culture Berne, Fondation Nestlé pour l'art, Fondation Alfred Richterich.

PETER FISCHLI & DAVID WEISS

BETHAN HUWS

MARIA NORDMAN

DE PASSAGE...

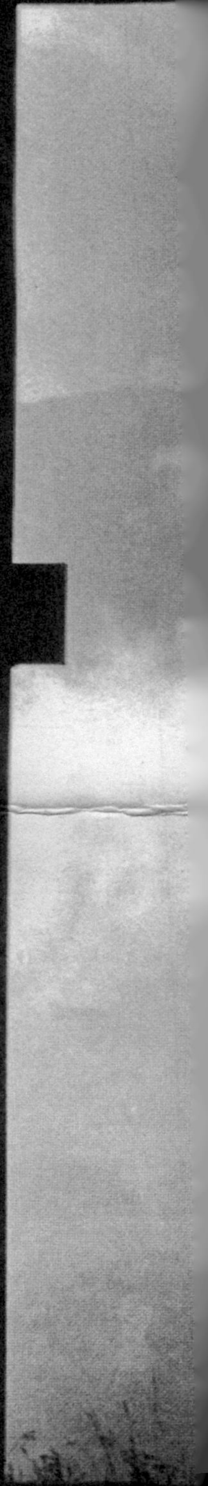

CH 6491 FURKAPASSHÖHE   JULI   AUGUST   SEPTEMBER
HOTEL FURKABLICK   TEL. 044 672 97   FAX 044 672 44

Hôtel Furkablick
Pleine lune

© FURKART · CH-6491 FURKAPASSHÖHE · TELEFON 044 6 72 97

Photo: Roland Aufdermauer

WERKE IN DER UMGEBUNG
DES HOTELS FURKABLICK

OEUVRES DANS LES ENVIRONS
DE L'HÔTEL FURKABLICK

1 IAN HAMILTON FINLAY
Das Werk «Proposal for the Furkapass» von 1987 stellt, reliefartig aus der Oberfläche eines herumliegenden Felsbrockens gehauen, die Signatur von Ferdinand Hodler dar, der Anfangs unseres Jahrhunderts die Berglandschaft als heroisches Zeichen gemalt hat.

«Proposal for the Furka Pass» consiste en une signature d'artiste gravée en haut-relief dans un rocher en 1987: celle de Ferdinand Hodler qui, au début de notre siècle, a su parmi les derniers magnifier en peinture des paysages héroïques.

2 PER KIRKEBY
Ein knapp mannshohes, mit Backsteinen regelmässig gemauertes Gebilde markiert den Ostrand der kleinen Ebene auf dem Scheitelpunkt des Furkapasses. Diese eher grazil wirkende Plastik hat seit ihrer Erstellung 1986 bis heute den allwinterlichen Unwettern erstaunlich gut standgehalten.

Un édicule de briques litées de façon régulière marque le côté Est de la plate-forme qui surplombe les deux vallées menant au Col. Bien que d'un aspect fragile, cette sculpture aux proportions presque humaines a su, jusqu'à présent, résister aux intempéries hivernales auxquelles elle est exposée depuis sa construction en 1986.

3 NIELE TORONI, RICHARD LONG,
OLIVIER MOSSET, JOHN ARMLEDER,
PIERRE ANDRÉ FERRAND, PANAMARENKO
Auf der Längsfassade der Dépendance hat Niele Toroni 1990 einige seiner famosen «Abdrücke eines Pinsels Nr. 50, wiederholt in regelmässigen Abständen von 30 cm» angebracht. Sie ergänzen jene Gruppe Pinselspuren, die der Künstler im Innern des Hotels appliziert hat.
Richard Longs «Wind Line over the Furkapass» von 1989 besteht aus verschieden gerichteten Pfeilzeichen an den Rändern unter dem Giebel der Schmalseite des Gebäudes. Long hat damit die wechselnden Windrichtungen, die er während seines Marsches über die Furka in bestimmten Zeitintervallen feststellte, dokumentiert.
Im Innern der Dépendance finden sich Bilder auf Leinwand, die von Olivier Mosset 1987, John Armleder 1988, und von Pierre André Ferrand 1991 dort gemalt worden sind, sowie Zeichnungen von Panamarenko, der 1991 zum vierten Mal hier an einer Flugmaschine arbeitete.

Sur la facade principale de la Dépendance, une intervention de Niele Toroni en 1990 comporte des «empreintes de pinceau no 50 répétées à intervalles réguliers de 30 cm»; elles sont complémentaires de celles qui se trouvent à l'intérieur de l'hôtel Furkablick.
Richard Long a réalisé en 1989 «Wind Line over the Furkapass» sur les façades latérales. Des flèches peintes indiquent les changements de direction des vents, observés toutes les demi-heures lors de sa marche en 1989 entre Realp et Oberwald en empruntant le Col de la Furka.
A l'intérieur de la Dépendance se trouvent les toiles réalisées sur place par Olivier Mosset en 1987, John Armleder en 1990, Pierre André Ferrand en 1991 ainsi que des dessins de Panamarenko se rapportant à sa 4ème machine à voler développée in situ en 1991.

4 GRETCHEN FAUST
Die Durchbohrung eines Felsens von der einen Seite zur andern, welche die Künstlerin 1991 anlässlich einer Performance mit Kevin Warren vorgenommen hat, trägt den Namen «Instrument for listening-talking». Ihr Thema sind die Hindernisse und die Unvereinbarkeiten von visueller und auditiver Kommunikation.

La perforation d'un rocher de part en part, entrepris à l'occasion d'une performance de Gretchen Faust et de Kevin Warren en 1991, intitulée «Instrument for listening – talking», se réfère à l'incompatibilité de la communication visuelle et auditive.

5 DANIEL BUREN
Die 1989 realisierte Arbeit «La Visée» besteht aus 2 Teilen: einer Panorama-Informationstafel, auf der bloss die Zeichnung (nicht aber die Bezeichnung, Masse und Namen) der topografischen Umgebung zu sehen ist, und einer von dieser Tafel aus noch knapp sichtbaren, rot und weiss gestreiften Fahne auf den Stotzigen Firsten.

«La Visée», réalisé en 1989, est un travail en deux parties: un panneau d'information panoramique en bordure de route se limitant à un dessin sans aucune légende géographique, et un drapeau en toile rayée de bandes verticales rouges et blanches visible dans le lointain sur les Stotzigen Firsten.

6 PAUL-ARMAND GETTE
Eine auf einem Stativ montierte Glasscheibe bietet in der Durchsicht einen je nach Standpunkt bestimmten Landschaftsausschnitt. Auf der Scheibe findet sich die Inschrift « 0 m». Diese Arbeit aus dem Jahr 1991 gehört zu seiner Werkreihe «Der Beginn der Landschaft».

Un écran de verre monté sur un trépied cadre à volonté le paysage selon le point de vue choisi. On y lit l'inscription « 0 m». Cette œuvre de 1991 fait partie de sa série «Le commencement du paysage».

7 MICHEL RITTER, TERRY FOX, KIM JONES
Im kleinen, unterhalb des Hotels liegenden ehemaligen Stromgeneratorenhaus, befindet sich die 1987 realisierte Installation von Michel Ritter. Eine Super-8-Filmprojektion lässt an der Innenwand abwechseln Bilder einer Fabrik und einer Kirche zu Tonkulisse von Walfischrufen erscheinen.
Der künstlerische Eingriff von Terry Fo bestand darin, 1990 einzelne hier vorgefundene Gegenstände durch Lettern m neuen Bedeutungen aufzuladen.
Kim Jones machte am 1. August 1991 au dem leicht schiefen Dach dieses niedere Gebäudes eine seiner «Mud Man»-Performances, die von Kriegserlebnissen in Vietnam beeinflusst sind. Davon sind die a Panzersperren erinnernden Gebilde au in der Umgebung gefundenem Hol geblieben.

Dans le bâtiment en contre-bas de l'hôte où se trouve une ancienne génératrice l'installation de Michel Ritter de 198 consiste en un film super-8 projetant su l'un des murs les images alternées d'un usine et d'une église au son d'un appel d baleines.
L'intervention de Terry Fox vise à modifie par le lettrisme divers objets trouvés su place dans la génératrice en 1990.

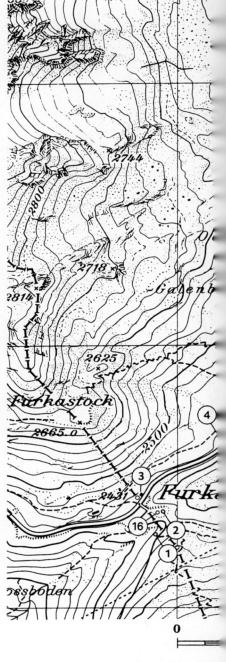

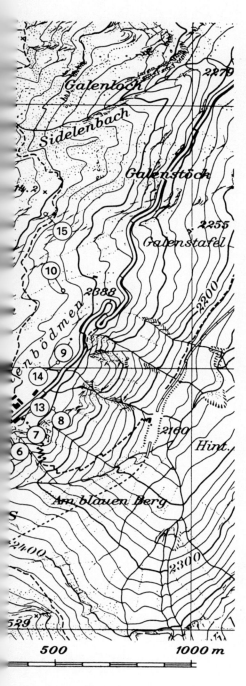

Kim Jones a choisi le toit de cette construction pour une performance le 1er août 1991 basée sur ses expériences du Vietnam «Mud Man», dont il subsiste de frêles assemblages en bois évoquant des défenses militaires.

ROYDEN RABINOWITCH
Auf einer abgerundeten Geländeformation am Abhang des nach Osten führenden Tales hat Rabinowitch 1987 drei leicht konkav oder konvex gebogene, oval ausgeschnittene Stahlplatten in die Grasnarbe eingelassen. Sie treten mit den topographischen Gegebenheiten in einen leisen, aber spannenden Dialog.

Trois plaques en acier découpé sont insérées dans la fine couche d'humus qui à cet endroit recouvre la roche. Concaves ou convexes, ces sculptures de 1987 répondent à la dénivellation du sol et entretiennent un paisible dialogue avec la morphologie du site.

9 LAWRENCE WEINER, GÜNTHER FÖRG
Neben dem Hirtenunterstand hat Lawrence Weiner 1990 auf einem Granit-Grenzstein eine Metallplakette montiert. Sie ist ebenso wie die von ihm gestalteten Hotelschlüsselträger mit der Inschrift «Covered by Clouds» versehen.
Im Innern des Unterstands hat Günther Förg 1989 an den Wänden zwei Zement-Reliefs erstellt.

Près de la bergerie, une plaque de métal de Lawrence Weiner fixée sur une borne de granit porte l'inscription «Covered by Clouds» que l'on retrouve sur les porte-clés des chambres de l'hôtel réalisés par le même artiste en 1990.
A l'intérieur de la bergerie, Günther Förg en 1989 a travaillé sur le mur à deux reliefs en ciment.

10 JOHN HILLIARD
Sein Werk «Plein-air» von 1988 besteht aus einer in einen Stein eingelassenen Kupferplatte, auf der die fotografische Wiedergabe eines benachbarten Felsen spiegelbildlich verdoppelt eingraviert ist.

L'œuvre de 1988 intitulée «Plein-air» est faite d'un disque de cuivre encastré dans une pierre. Y est gravé la photographie dédoublée d'un rocher visible depuis cet endroit.

11 JENNY HOLZER
Bei ihrem Beitrag von 1991 entschied sich die Künstlerin der «Truisms», Sätze in vier Sprachen wie «Identifier ses peurs rassure» oder «Any surplus is immoral» in urtümlicher Manier auf Felsen im Umkreis von 200 Metern einritzen zu lassen.

Pour sa contribution consistant en «Truisms» l'artiste, en 1991, a simplement fait graver dans la roche des phrases en quatre langues, telles que «Identifier ses peurs rassure» ou «Any surplus is immoral», qu'on trouve au-dessus du sentier dans un rayon de 200 m environ.

12 RENÉ ZAECH
Seine 1991 gefertigte Skulptur ist eine Maquette für einen Triangulationsmerkpunkt, wie er ab und zu auf Berggipfeln vorkommt. Aber der vom Künstler gewählte Standort entspricht überhaupt nicht dem, was der Geometer oder Kartograph erwartet. Ein zweites Modell steht auf einem Miniaturfelsen im Hotel auf einem Fenstersims.

Sa sculpture réalisée en 1991 est une maquette pour un point de triangulation, mais son emplacement choisi par l'artiste ne correspond pas à ce que le géomètre ou le cartographe en attend. Le même objet se retrouve en modèle réduit sur une pierre posée à l'intérieur de l'hôtel sur le rebord d'une fenêtre.

13 ALIX LAMBERT
«sacs poubelles et béton», 1993

14 MARIO MERZ
«Passo della Furka», 1994

15 FILIP FRANCIS
«L'installation», 1994

16 MAX BILL
«feuerplatz auf der furka-passhöhe», 1994

Der Schlüssel zur Besichtigung der N° 3, 7 und 9 ist im Hotel erhältlich.

La même clef est nécessaire pour les N°S 3, 7 et 9.

FURKART 1996:

JEAN CROTTI (CH)

BERNARD FAUCON (F)

PETER FISCHLI & DAVID WEISS (CH)

JOËL FISHER (USA)

MARIA NORDMAN (USA)

de passage...

La soirée du jeudi 1.8.96:
«Lâché d'étoiles» par
BERNARD FAUCON

Furkart, Hotel Furkablick
CH-6491 Furkapasshöhe
Telefon +41 (0)41 887 07 17
Fax +41 (0)41 887 12 44

Mes remerciements vont spécialement pour 1996 à: Canton du Valais, Georges et Jenny Bloch Stiftung, Kanton Uri, Migros Genossenschafts-Bund, Fondation Alfred Richterich, Schweizer Stiftung Pro Helvetia.

CH-6491 FURKAPASSHÖHE   JULI   AUGUST   SEPTEMBER
HOTEL FURKABLICK   TEL. 041 887 07 17   FAX 041 887 12 44

Postface

De l'éphémère
Notes sur la valeur de ce qui (en apparence) n'en a pas

Über das Ephemere
Anmerkungen über den Wert des (scheinbar) Wertlosen

On the ephemeral
Notes on the value of what (apparently) has no value

Paulo Pires do Vale

De l'éphémère
Notes sur la valeur de ce qui (en apparence) n'en a pas

pour Thomas Rodriguez

L'historien est un prophète tourné vers le passé.
F. Schlegel[1]

1.

Le XXᵉ siècle a vu la consécration de l'éphémère et du précaire. Le théâtre et la danse connaissaient déjà leur valeur puisqu'ils furent de tout temps de fugitives expériences. Des arts plastiques, en revanche, on attendait la permanence, voire l'immortalité de l'artiste dans l'œuvre. Dans la pierre. Sur la toile. Dans le bronze. Le « dur désir de durer » (Paul Éluard) devait s'y révéler. Or, au XXᵉ siècle, la dématérialisation de l'art, la performance, les happenings, l'installation temporaire *in situ*, les œuvres organiques ou réalisées au cœur du paysage qui disparaissent au fil du temps ou sont altérées par la nature, celles qui s'autodétruisent ou sont défaites par les artistes eux-mêmes ou par les participants – où cette destruction est l'œuvre même –, les œuvres collectives et celles qui, pour exister, demandent la participation et le concours du public, toutes ces formes sont devenues communes. Ces pratiques précaires, dont on retrouve des exemples dans l'histoire de l'art avec les architectures baroques éphémères, deviennent courantes. D'inconvénient qu'il était, l'éphémère devient un atout. Comme l'a bien compris Paul Valéry, « le moderne se contente de peu ». Et nous aussi, dans leur foulée, nous nous contentons de « peu » de temps. L'attention concentrée sur l'instant – parce que *tempus fugit*, tout passe – demande une très solide éducation du regard, afin qu'il sache ne pas se porter sur ce qui est apparemment stable, fort et durable, mais bien sur l'expérience même du temps (de la durée ou de l'instant). Et puisque tout passe, alors pourquoi ne pas donner à cette nature transitoire sa dignité ? Voilà qui bien sûr pose problème au marché, aux collectionneurs, aux musées et aux conservateurs... Tandis que pour les artistes, l'éphémère est bien souvent un mode d'expérimentation, de recherche, voire de lutte contre les institutions du monde de l'art. Une expérience de libération.

Au col de la Furka, dans les Alpes suisses, loin de tout mais probablement plus près de la source originale du geste artistique, s'était ouvert un espace de possibilités. Pendant une période définie, ce lieu était remis à un artiste, qui pouvait le faire sien et y résider. Il avait tout loisir de laisser une marque sur les rochers des Alpes ou sur les murs de l'édifice s'il l'entendait ainsi. Il en allait de même s'il souhaitait que le temps long et tendu soit la matière de son œuvre, s'il voulait entreprendre une randonnée ou provoquer une explosion. Ce n'est pas par hasard si le projet a été inauguré par une goutte de parfum noir déposée au creux de la montagne par James Lee Byars, ainsi que l'indique le titre de la performance de 1983 (*A Drop of Black Perfume*) : un simple geste en un lieu éloigné, pratiquement désert et abandonné (comme le décrit Marc Hostettler, l'organisateur, dans le premier des documents réunis ici). Ce parfum, dans ces lointains, en cet endroit précis des Alpes, aura marqué le projet de façon indélébile. Un endroit qui n'est accessible qu'entre juillet et septembre.

2.

Éphémères sont aussi les pièces réunies et présentées dans ce livre. Il est coutume, dans les catalogues des bibliothèques et des archives, de nommer *ephemera* les invitations, les annonces, les cartes postales, les communiqués de presse, les affiches... Autant de documents marqués par le temps, datés, qui remplissent une fonction et sont considérés comme de moindre importance ou dépourvus de valeur.

Maintes œuvres du projet Furkart furent temporaires. Ainsi, mettre en valeur ce matériel éphémère au moyen d'un livre n'est pas sans raison. Par ailleurs, ce travail instaure une contradiction : le matériel, dit éphémère, une fois recueilli, rassemblé et glosé dans un livre (dont on entend qu'il dure), semble cesser de l'être. Or, c'est précisément là que réside la tension de ce projet : si une performance advenait au sommet des Alpes suisses, son écho ne devait-il pas arriver ailleurs pour qu'elle puisse exister ?

Parvenir à d'autres artistes, d'autres intéressés, historiens, curateurs, critiques ? La reconnaissance (plus encore que la connaissance) n'est-elle pas fondamentale ? Une reconnaissance manifeste, certes, au moment où l'action se produit, mais aussi à travers son inscription historique dans le discours artistique de l'époque : ces cartes postales et communiqués de presse sont-ils fondamentaux pour reconstituer une partie de l'histoire, notamment lorsque rares en furent les témoins. Par exemple : à la lecture de ces documents, on constate que nombre de ces artistes sont devenus des grands noms incontournables dans le monde de l'art occidental, présents dans toutes les histoires et rétrospectives, alors que d'autres sont tombés dans l'oubli, même des meilleurs connaisseurs du monde artistique. Ce livre, dont les documents étaient eux aussi oubliés dans des archives ou enfouis sous d'autres papiers, est une façon de rendre justice et de réécrire l'histoire sans être conditionné par des jugements ou des filtres qui réduisent le passé à un seul discours ou à un canon inébranlable. Approfondir la recherche sur des noms qui ne nous disent pas grand-chose, en lire les biographies, s'interroger sur des œuvres et des performances d'artistes connus mais qui sont restées dans l'ombre, sera également une façon de refaire l'histoire, un travail à mener en permanence. C'est ce à quoi servent les archives : pour qu'on y trouve ce qui est nouveau. Comme l'a écrit Paul Ricœur, il y a un futur dans le passé qui foisonne de promesses à réaliser. Ces documents ne nous intéressent pas seulement pour être la marque d'un passé, mais parce qu'ils peuvent nous aider à vivre et à penser l'aujourd'hui.

3.

Ces documents révèlent le désir constant de narrer l'histoire du projet. Tracer. Ne pas oublier ce qui s'est passé avant, l'année précédente, les années précédentes. Surtout lorsque ceux qui gravirent la montagne pour voir les œuvres ou entendre les conférences furent peu nombreux. Jean-Hubert Martin a raconté à Thomas Rodriguez[2] qu'il était à la Furka en 1987 – après son exposition déterminante et polémique intitulée « Magiciens de la terre » –, et que la conférence et la conversation qu'il avait tenues avec le conservateur du musée d'ethnographie de Neuchâtel, Jacques Hainard, intitulée – et ce n'était pas fortuit – « Objet par nécessité », avait eu pour tout public l'organisateur Marc Hostettler, sa femme et deux autres personnes : deux soldats un peu perdus qui accomplissaient leur service militaire près de là.

Ces documents sont à la fois mémoire et annonce. Et c'est de ce reste, de cette empreinte, que traite ce livre. On ne peut faire l'histoire sans la trace, la marque, les vestiges, laissés dans le présent par un passé désormais absent. De là naît l'importance des archives, de la collection, du catalogue, de l'inventaire, de la liste. On dira que c'est une archive de « petits riens ». Quelque chose de mineur. Ce qui n'est pas synonyme d'insignifiance, au contraire. Thomas Rodriguez qui, en découvrant et en alimentant cette archive, a saisi son importance en dépit de son apparent manque de valeur, nous invite à renouveler notre regard sur l'histoire récente de l'art, et à retrouver la possibilité qui y réside : un projet qui est aussi une promesse. En orientant son attention (et la nôtre) sur ce qui était en marge, loin du centre, il répond à la définition que donne Michel de Certeau des nouveaux historiens : « L'historien n'est plus homme à constituer un empire. Il ne vise plus le paradis d'une histoire globale. [...] Il travaille dans les marges. À cet égard, il devient un rôdeur. [...] Dans une société douée pour la généralisation, dotée de puissants moyens centralisateurs, il s'avance vers les marches des grandes régions exploitées. Il "fait un écart", vers la sorcellerie, la folie, la fête, la littérature populaire, le monde oublié du paysan, l'Occitanie, etc., toutes zones de silence[3]. »

Au fil du temps varie ce qui est considéré comme historique ou ayant une portée historique. De nombreux documents, que nous qualifierions aujourd'hui de fondamentaux, ont été détruits à certaines époques sans la moindre hésitation, car on estimait qu'ils n'avaient ni importance ni valeur. Voilà qui illustre comment le fait de choisir ce qui doit être collectionné hausse les collections, les collectionneurs et les archivistes au rang de décideurs de l'histoire qui se fait. Chaque temps et chaque lieu contiennent une conjoncture et un contexte dont dépend ce qui doit être conservé, comment et pourquoi. Il est alors nécessaire d'interroger l'Histoire sur ses hiatus, ses lacunes, ses plages vides. Comme l'affirme Le Goff, nous devons « faire l'inventaire des archives du silence. Et faire l'histoire à partir des documents et des absences de documents[4] ».

Même l'histoire de l'art, la plus récente et la plus proche, est truffée de silences. Réunir le matériel qui constitue ce livre est un moyen de les remplir, de faire résonner un projet qui mérite d'être remémoré et étudié plus amplement. D'aucuns le connaissaient, mais il est désormais à la portée d'un plus grand nombre. Telle une collection de vestiges. Sans la volonté de les emprisonner dans un discours dogmatique.

4.

Les vestiges renvoient toujours à ce qui manque, à une absence, à quelque chose qui n'existe plus : les expositions, les œuvres, certains artistes parfois, mais ici à « un » absent surtout : Marc Hostettler, l'organisateur, comme il se désigne lui-même dans ces documents. Sans être là, il demeure présent, en filigrane dans tous ces matériaux et derrière tous ces artistes. C'est également son regard, ses choix, son effort, son discours qu'évoque cet ouvrage. Ce projet culturel hors des sentiers commerciaux battus, et même hors du circuit médiatique, de la tyrannie du nombre de visites ou des ventes, permet de penser une possibilité de l'art ou, mieux encore, l'art en tant que possibilité, ouverture.

Dans ces documents, la parole est essentielle pour saisir le projet. D'emblée les mots le façonnent ainsi que sa réception. Comme Marc Hostettler le répète, en usant d'une expression propre à l'époque et symptomatique de ce qui se passait dans d'autres institutions partout dans le monde, la Furkart n'est pas une galerie mais un « laboratoire culturel ». Le vocable « laboratoire » est fondamental, du moins à partir des années soixante, il est à l'origine d'une intentionnalité et d'une nouvelle configuration des institutions artistiques, en particulier du musée. Un laboratoire est quelque chose de vivant, en mouvement, un banc d'essai, où l'on cherche et questionne, et non pas le réceptacle de quelque chose de réalisé et de normalisé, comme les musées imbus de leur caractère sacré, ou les galeries animées du besoin de rassurer les collectionneurs. Dans ce laboratoire culturel (qui n'est pas seulement artistique, la notion de culture étant plus vaste), le rapport avec l'incertitude est déterminant et le discours le dit : « Où les œuvres se font et se défont, et qui demande une attitude acceptant la confrontation ».

Comme l'affirme le premier document qui le présente, le projet voulait permettre aux artistes « de se confronter à la nature du lieu ». Un « défi » selon Hostettler, consistant à « s'exprimer dans des conditions différentes de celles qui leur sont proposées habituellement ». L'invitation est donc de travailler « avec les particularités du site ». Dix ans plus tard environ, en 1994, Marc Hostettler résume ainsi les deux volets qui à nos yeux sont également au cœur de ce projet : contribuer à la « réflexion » des artistes (leur offrir des conditions pour que la réflexion advienne) « et/ou », grâce aux interventions des artistes, « faire revivre un site exceptionnel ». Ce faisant, Hostettler place d'une part l'accent sur l'artiste et sur ses conditions de travail/réflexion et, de l'autre, met en exergue le lieu où il les convie, le col de la Furka, afin que, sous l'effet de l'action artistique, ce lieu puisse revivre. La spécificité de ce double dessein, propre à cette résidence artistique singulière, apparaît clairement lorsqu'il décrit les critères dont il use pour inviter les artistes : ils sont choisis en fonction de leur « sensibilité, de leur intérêt et de leur aptitude présumée à réagir par rapport à la situation rencontrée ». Les artistes sont donc sollicités non pas exclusivement au vu de l'œuvre accomplie, mais en fonction de leur possibilité ou aptitude à faire surgir une œuvre, une action, une exposition, en cet endroit et dans ces conditions. Qui sera toujours unique. Et qui apportera un nouveau souffle au lieu. Une intention qui confère à l'art le pouvoir de faire renaître et de rendre fécond un lieu abandonné. Et d'en faire un espace de rencontres, un « forum », comme ce projet est parfois désigné.

Grâce à ces documents, on perçoit aussi l'évolution de ce projet issu d'un désir bourgeonnant, élan apparemment né d'une performance de Byars, vers un projet officiellement soutenu par plusieurs institutions renommées, ce que l'on voit au bas de certains documents. Un lieu abandonné redevenait un hôtel en pleine activité, transformé en partie par l'atelier d'un architecte célèbre, Rem Koolhaas, enthousiasmé par le projet qui rassemblait en un même endroit « cyclistes en sueur et poètes ». C'est la singularité de ce forum, de ce lieu de rencontres inattendues qui l'attire : un lieu « presque intime, isolé et propice à la réflexion artistique ». Encore une fois, est soulignée l'importance de la réflexion et non pas de la seule action ou délivrance de l'œuvre.

En outre, ces documents démontrent que, peu à peu, nombre des œuvres permanentes qui furent réalisées dans ce lieu s'y sont accumulées. Des installations ont trouvé une place définitive dans divers bâtiments de l'hôtel ou ont transformé l'espace extérieur en un « musée » à ciel ouvert. Les derniers documents indiquent cette topographie et proposent un parcours aux visiteurs.

5.

Ces archives contiennent différents types de documents : des cartes postales comportant des photographies des actions ou des œuvres *in situ*, d'autres, plus rares, avec le portrait des artistes participants dans des poses relativement informelles, des documents annonçant les expositions-actions, plus ou moins explicatifs et qualifiés généralement de communiqués de presse – « programme annoncé » –, des avis et des invitations.

Outre leur format et leur type d'édition, la fonction de ces documents diffère elle aussi. Si le communiqué de presse sert à annoncer ce qui est prévu (et par la même occasion à expliquer ce qui a eu lieu antérieurement), les cartes postales véhiculent généralement la mémoire de l'œuvre réalisée, des performances ou des installations. Il ne s'agit donc pas d'un avis mais d'une manière de conserver la mémoire de ce qui est passager. La photographie en tant que souvenir. Ce qui à vrai dire revient au même : une tentative d'arrêter le temps. De le suspendre. Or, tout en étant une trace du passé, la carte postale continue d'agir comme faire-part, elle annonce aujourd'hui ce qui s'est produit dans le passé. Si cinquante personnes environ avaient assisté à la première performance de Byars, ou cinq cents à celles de l'année suivante, conformément aux informations contenues dans ces documents, bien plus de monde y aura eu accès par le biais de ces pièces imprimées. Et nous ne saurions oublier le médium choisi : la carte postale. Une sorte de lettre destinée à être envoyée, à circuler, à apporter des nouvelles à un destinataire. D'ailleurs, au cours des années soixante et soixante-dix, le « mail art » avait été une tendance cultivée par maints artistes en quête de formes d'art plus proches de la vie, et certains artistes conceptuels, comme On Kawara, en ont fait une stratégie.

On trouve de façon récurrente sur les cartes postales mais aussi, pour des raisons évidentes, sur les communiqués de presse, l'indication des dates du vernissage et de la clôture des expositions ainsi que l'heure du début des performances. C'est ainsi que nous en venons à connaître tant l'endroit (le col de la Furka) que l'année, le jour et l'heure où elles ont eu lieu. Pour de nombreuses œuvres, voire toutes, qui dépendaient de la dimension temporelle, cette précision semble déterminante. Elle leur donne corps, réalité. C'est ainsi que s'ouvre le premier document du projet qui porte l'indication de la date et de l'heure de la première performance de Byars, le 24 juillet 1983 vers midi. Et ce même document nous avertit qu'à la même heure, le 24 juin 1984, une autre performance sera donnée, par Byars et Beuys. La question du temps est également pertinente s'agissant de la durée de la performance – ou *Relational Work*, ainsi qu'elle est décrite – d'Abramović et Ulay : « Elle aura lieu le 22 septembre et durera sept heures. » L'information, la connaissance et le mode d'accès aux œuvres, comme nous le verrons, définissent beaucoup ce qu'aujourd'hui nous appelons art.

6.

Si l'expérience du lieu, le chemin pour l'atteindre, son éloignement, la relation avec ce paysage et ces bâtiments-là, sont au cœur du projet Furkart, dans le contexte de l'art de la seconde moitié du XXe siècle, marqué par les tendances conceptuelles, la production et la distribution de l'œuvre suscitent quant à elles d'autres interrogations, et sont porteuses de conséquences pour les œuvres qui y sont réalisées. Si c'est là, en cet endroit, qu'elles trouvent leur sens et si des œuvres – tableaux, sculptures ou installations – ne pourront jamais être véritablement appréhendées par la reproduction, il arrive que, pour d'autres, leur résonance nous touche de façon immédiate, même lorsque nous ne connaissons pas les lieux où n'avons pas vu les œuvres *in situ*. C'est l'effet produit par certaines cartes postales véhiculant une image assortie de leur légende. Et je me demande si, à l'extrême, quelques-unes ne sont pas des œuvres en elles-mêmes ? Non pas une représentation ou une annonce, mais une œuvre à part entière. Non pas un support ou un renseignement secondaire, mais bien une information primaire comme le dirait Seth Siegelaub, qui a lui aussi utilisé les cartes postales dans sa pratique de commissaire et d'éditeur, et posé ainsi de pertinentes questions politiques et économiques sur la propriété de l'œuvre d'art et sa démocratisation.

Par exemple, la carte de Hamish Fulton, qui porte une photographie dont il est l'auteur traversée par la phrase A TEN DAY CIRCULAR WALK FROM FURKAPASS SWITZERLAND SUMMER 1986, n'est guère étrangère à ses œuvres. Il en va de même du caractère assertif de la carte qui montre la signature de « Hodler » gravée sur un rocher, œuvre de Ian Hamilton Finlay, datée de 1986, ou de l'élucidation de l'intervention de Richard Long, photographiée pour la carte postale et intitulée WIND LINE OVER THE FURKAPASS, A WESTWARD WALK, THE WIND DIRECTION AT EVERY HALF HOUR, de 1989, ou de l'impact visuel et conceptuel d'un travail comme *Instrument for Listening and Talking*, de 1991, de Gretchen Faust et Kevin Warren, de la phrase de Jenny Holzer appartenant à la série *Truisms*, YOUR OLDEST FEARS ARE THE WORST ONES, inscrite dans la roche, ou encore de l'indication et de l'encadrement créés par Paul-Armand Gette dans *Le début du paysage – Col de la Furka*, 1991. Sans nullement remplacer l'expérience de l'œuvre sur place, ces outils de diffusion, ces cartes, deviennent ou permettent une expérience en elles-mêmes, au moyen de la conjugaison du texte, du titre et de l'image. L'art des années soixante et soixante-dix, l'art conceptuel en particulier, n'a-t-il pas dévoilé de nouveaux modes et défriché de nouveaux territoires pour l'art ? N'est-ce pas le domaine de la production et de la distribution de l'œuvre qui est ainsi interpellé : une carte postale ne peut-elle être une œuvre d'art ? Que faut-il pour qu'elle le soit ? Les deux pôles : artistes et public, dirait Duchamp.

7.

Sans vouloir affirmer que ces documents sont de l'art, nous ne nous lasserons pas de rappeler l'importance de leur rôle, afin que nous puissions entrer en rapport avec les œuvres des artistes, sauver un projet porteur d'un tel dessein, refaire l'histoire récente de l'art, discerner ce qui était important ou accessoire aux yeux de qui était impliqué dans ce projet, en particulier son mentor, Marc Hostettler et les artistes qu'il a invités, pour repenser ce que nous attendons de l'art et quelle est sa fonction possible.

À la vue de ces documents, images et textes, nous ressentons également comment le discours bâtit l'expérience, le sens, le monde, en tant qu'horizon de possibilités. Le discours est créateur. Dans son projet, Marc Hostettler recourait aux armes des œuvres d'art qui l'intéressaient, en particulier l'art conceptuel. C'est ainsi que le caractère éphémère, l'éloignement et la rareté du public étaient compensés par la diffusion de ce qui se faisait là, et au-delà, puisque grâce à la parole mariée à l'image photographique les œuvres acquéraient une nouvelle résonance et un nouveau sens. Cet éloignement n'était pas un mal, c'était la condition nécessaire du projet.

À leur façon, ces documents démontrent qu'il est indispensable que quelqu'un dise « ecce ! », « voici ! ». Une désignation, une annonce qui, liée au geste de l'artiste, fait que le travail s'incarne. Ces documents sont la validation qui s'impose : une sorte d'attestation d'existence, même si ce ne sont que de « petits riens ». C'est avec cette même absence de prétention qu'ils sont présentés ici. Comme un coup de pouce, des vestiges réunis, une archive pour mieux comprendre une époque. C'est-à-dire pour mieux nous comprendre.

1. Fragment 80, *Athenaeum*.
2. Thomas Rodriguez, à qui l'on doit ce livre, a aussi recueilli des entretiens avec les artistes et les participants à ce projet. C'est une autre façon d'en conserver la mémoire – faire une archive de témoignages vivants, à la première personne.
3. Michel de Certeau, *L'écriture de l'histoire*, Paris, Gallimard, 2007, p. 109.
4. Jacques Le Goff, *Histoire et mémoire*, Paris, Gallimard, 1988, p. 220.

Über das Ephemere
Anmerkungen über den Wert des (scheinbar) Wertlosen

für Thomas Rodriguez

Der Historiker ist ein rückwärts gekehrter Prophet.
F. Schlegel[1]

1.

Das 20. Jahrhundert war das der Anerkennung des Ephemeren und des Flüchtigen. Das Theater und der Tanz kannten bereits dessen Wert: Sie waren seit jeher vorüberziehende Erfahrungen. Von der Bildhauerei erwartete man hingegen Beständigkeit – und sogar die Unsterblichkeit des Künstlers im Werk. Im Stein. Auf der Leinwand. In der Bronze. Das „dur désir de durer" (Eluard) würde sich dort zu erkennen geben. Im 20. Jahrhundert aber werden mit der Entmaterialisierung der Kunst durch Performances, Happenings, temporären Installationen in situ, organischen und in der Landschaft ausgeführten Werken, die mit der Zeit vergehen oder welche die Natur selbst langsam verändert, Werken, die sich selbst zerstören oder die von den Künstlern selbst oder den Teilnehmern zerstört werden – wo also diese Zerstörung das eigentliche Werk ist – Kollektivarbeiten und aktive Mitwirkung des Publikums, alle diese unbeständigen Praktiken geläufig. Obwohl, sie haben Vorgänger – wie die ephemeren, barocken Bauten – in der Kunstgeschichte. Das Ephemere hört auf, ein Manko zu sein und wird zu einem Wert.

Wie Paul Valéry bemerkt hat: Die Modernen „geben sich mit wenig zufrieden". Und auch wir, nach ihnen, geben uns mit „wenig" Zeit zufrieden. Die Aufmerksamkeit, die sich auf den Augenblick richtet – weil *tempus fugit*, alles vergeht – erfordert eine hohe Bildung des Sehens. Eine Aufmerksamkeit nicht für das was scheinbar fest, stark, dauerhaft bleibt, sondern auch für die Erfahrung der Zeit selbst (seiner Dauer oder des Augenblicks). Wenn alles vergeht, warum nicht diese Eigenschaft des Flüchtigen würdigen?

Dies wirft natürlich Probleme für den Markt auf, für die Sammler, für die Museen und Konservatoren, aber für die Künstler ist die Flüchtigkeit so oft eine Form des Experimentierens, der Erforschung und sogar des Kampfes gegen die Institutionen der Kunstwelt gewesen. Eine Erfahrung des Sichbefreiens.

Auf dem Furkapass, in den Schweizer Alpen, weit ab von allem und daher vielleicht näher an der ursprünglichen Quelle der künstlerischen Geste, wurde ein Raum für Möglichkeiten eröffnet. Während einer vorgegebenen Zeit wurde dieser Raum einem Künstler überlassen, er stand ihm zur Verfügung, er konnte ihn bewohnen: Wenn der Künstler ein Zeichen im Gestein des Gebirges oder auf den Mauern des Gebäudes zu hinterlassen wünschte, konnte er es; wenn er wollte, dass eine intensiv erlebte Zeitdauer den Stoff seines Werkes hergab, wenn er eine Wanderung machen wollte oder wenn er wollte, dass eine Explosion stattfinde, durfte es so geschehen. Es wird wohl kaum ein Zufall gewesen sein, dass das Projekt mit einem *A Drop of Black Perfume* begonnen hat, den James Lee Byars bei seiner so benannten Performance 1983 in die Berge fallen liess. Eine schlichte Geste an diesem fernen, nahezu einsamen und verlassenen Ort (wie ihn Marc Hostettler, der Veranstalter, im ersten der hier zusammengefassten Dokumente beschreibt). Jenes in dieser Abgeschiedenheit freigesetzte Parfüm wird das folgende Projekt unauslöschlich geprägt haben. An diesem speziellen Ort in den Alpen, der nur zwischen Juli und September zugänglich ist.

2.

Die Eigenschaft des Ephemeren betrifft auch die Materialien, die in diesem Buch gesammelt und vorgestellt werden. In der Katalogisierung von Bibliotheken und Archiven bezeichnet man sie üblicherweise als „Ephemera": Einladungen, Prospekte, Postkarten, Pressemitteilungen, Plakate... Solche Dokumente werden, da zweck- und zeitgebunden, als nebensächlich oder gar als wertlos angesehen.

Einerseits ist es nicht abwegig, mit diesem Buch ephemerem Material Geltung zu verschaffen, wenn wie beim Projekt der Furkart viele der entstandenen Werke selbst temporär sind. Andrerseits stellt sich dabei ein Widerspruch ein: Das sogenannte ephemere Material scheint – gerade indem es in Buchform (von der man erwartet, dass sie währt) gesammelt, erfasst und behandelt wird – diesen Charakter des Ephemeren zu verlieren. Aber macht es nicht gerade die besondere Spannung dieses Projektes aus: Eine Performance geschah hoch in den Schweizer Alpen – muss nicht das Echo davon andere erreichen, damit sie existiert haben kann? Für weitere Künstler, Interessierte, Historiker, Kuratoren, Kritiker? Ist nicht die Anerkennung (wichtiger noch als die Zurkenntnisnahme) grundlegend? Diese Anerkennung gibt es nicht bloss im Augenblick, da die Handlung stattfand, sondern auch durch ihre historische Einbettung in den Kunstkontext ihrer Zeit: Diese Postkarten, Pressemitteilungen sind grundlegend, wenn es darum geht, einen Teil der Geschichte zu rekonstruieren, vor allem, weil es wenige Zeugen gab. Zum Beispiel: Beim Lesen dieser Dokumente sehen wir, wie viele der dort anwesenden Künstlernamen massgebend und richtungsweisend in der westlichen Kunstwelt geworden sind, sie kommen in allen Geschichtswerken und Retrospektiven vor, andere sind hingegen in Vergessenheit geraten, auch für die aufmerksamsten Beobachter der Kunstwelt. Dieses Buch ist durch die Präsentation dieser Dokumente, auch sie vergessen in Archiven oder zwischen vielen weiteren Zetteln, ein Versuch eine Art Gerechtigkeit herzustellen und den Wortlaut der Geschichte neu zu gestalten, ohne an Urteilen oder Filtern haften zu bleiben, welche die Vergangenheit auf eine einzige Erzählung oder einen festen Kanon reduzieren.

Mehr nachzuforschen über Namen, die uns wenig sagen, ihre Biographien, oder auch über dort von bekannteren Künstlern geschaffene Werke und Performances zu lesen, die aber im Schatten geblieben sind, ist auch eine mögliche Art, die Geschichte neu zu schreiben – eine Arbeit, die kontinuierlich getan werden muss. Dazu dient ein Archiv: um auch darin Neues zu finden. Wie Paul Ricœur schrieb, gibt es eine Zukunft in der Vergangenheit, dort finden wir viele unerfüllte Versprechen. Diese Dokumente sind von Bedeutung nicht nur, weil sie ein Zeichen einer Vergangenheit sind, sondern auch, weil sie uns dabei helfen können, das Heute zu leben und zu denken.

3.

In diesen Dokumenten ist wiederkehrend der Wunsch enthalten, die Geschichte des Projektes stetig aufzuzeichnen. Den Zusammenhang zu sichern. Nicht zu vergessen, was vorher passierte, im Jahr davor, in den Jahren davor. Vor allem als es wenige waren, die den Berg hochstiegen, um die Werke zu sehen – oder die Konferenzen: Jean-Hubert Martin, der damals auf dem Höhepunkt seiner Berühmtheit war, erzählte Thomas Rodriguez[2] nach seiner ausschlaggebenden und kontroversen Ausstellung „Magiciens de la terre", dass bei der Konferenz und dem Gespräch, die er dort mit dem Kurator des Ethnographiemuseums von Neuchâtel, Jacques Hainard abhielt – der Anlass war nicht zufällig „Objet par nécessité" betitelt – neben dem Veranstalter Marc Hostettler und seiner Frau, bloss zwei weitere Personen anwesend waren: zwei halb verlorene Militärs, die dort in der Nähe ihren Dienst taten...

Diese Dokumente sind Erinnerung und Ankündigung zugleich. Von diesen Relikten, diesen Spuren handelt dieses Buch. Es ist nicht möglich, Geschichte zu schreiben ohne Spuren, ohne die Zeichen, die Abdrücke, die Reste, die wir in der Gegenwart von einer bereits entschwundenen Vergangenheit finden. Daher auch die Wichtigkeit der Archive: die Sammlung, die Katalogisierung, das Inventar, die Auflistung. Man wird einwenden können, es sei ein Archiv der „kleinen Nichtigkeiten", von etwas Geringerem. Aber das bedeutet nicht, dass sie ohne Wichtigkeit seien, im Gegenteil. Thomas Rodriguez hilft uns durch die Entdeckung und Erweiterung dieses Archivs dabei, durch das Begreifen seiner Wichtigkeit trotz anscheinender Bedeutungslosigkeit, unseren Blick auf die neuere Kunstgeschichte anders zu zentrieren – und eine darin enthaltene Möglichkeit neu zu sehen, mit einem Projekt, das auch ein Versprechen ist. Er hat seine (und unsere) Aufmerksamkeit auf das gerichtet, was an den Rändern ausserhalb des Zentrums war, und auf ihn trifft zu, was Michel de Certeau über die jüngere Historikergeneration geschrieben hat: „Der Historiker ist nicht länger ein Mensch, der Imperien aufbauen will. Er strebt nicht mehr das Paradies einer universellen Geschichte an (...). Er arbeitet an den Rändern. Insofern wird er zu einem rastlosen Herumstreicher. In einer

Gesellschaft, die zum Verallgemeinern neigt und über mächtige Mittel zur Durchsetzung des Zentralisierens verfügt, sucht er nach den Bewegungen in den grossen unterworfenen Bereichen. Er macht ‚Umwege' über Hexerei, Wahnsinn, Fest, Volksliteratur, vergessene Welt des Bauers, Okzitanien etc., alles stille Gebiete."³

Was als historisch oder historisch wertvoll betrachtet wird, ändert sich im Laufe der Zeit. Viele Dokumente, die wir heute als grundlegend betrachten, wurden in bestimmten Epochen ohne Zögern zerstört, weil sie für unbedeutend oder wertlos erachtet wurden. Dieses zeigt, wie die Auswahl dessen, was gesammelt werden soll, aus den Sammlungen, den Sammlern und den Archivaren richtungsweisende Gestalter der entstehenden Geschichte macht.

Es hängt, je nach Zeit und Ort, von Umständen und Kontext ab: Was ist zu archivieren, wie und warum? Wir müssen die Geschichte zu den Fugen, den Lücken, den Leerräumen der Geschichte befragen, wie Le Goff erklärt: „Wir müssen das Inventar der Archive der Stille erstellen und Geschichte machen ausgehend von Dokumenten und des Abwesendseins von Dokumenten."⁴

Auch die Kunstgeschichte, selbst die, die wir als die jüngste, uns am nächsten empfinden, ist voller Schweigen. Die in diesem Buch versammelten Materialien sind eine Art, dieses Schweigen auszufüllen, einem Projekt eine Stimme zu geben, das es verdient, auf umfassenderer Weise ins Gedächtnis gerufen und untersucht zu werden. Einzelne kannten es bereits, jetzt wird es aber vielen Weiteren zugänglich. Wie eine Sammlung von Relikten. Ohne den Anspruch, diese Sammlung in einen dogmatischen Diskurs einbinden zu wollen.

4.

Relikte deuten immer auf etwas Fehlendes hin, verweisen auf eine Abwesenheit, auf etwas, das nicht mehr existiert. Auf Ausstellungen, auf Werke, selbst auf einige der Künstler. Aber auch auf „einen" Abwesenden, Marc Hostettler, der Veranstalter, der – wie aus diesen Dokumenten hervorgeht – obwohl nicht präsent, doch immer anwesend ist, hinter diesen ganzen Materialien und Künstlern. Dieses Buch verweist auch auf dessen Blickwinkel, dessen Auswahl, dessen Bemühungen, dessen Diskurs. Dieses kulturelle Projekt, ausserhalb des unmittelbaren kommerziellen Bereichs und sogar ausserhalb des mediatischen Netzwerkes mit der Tyrannei von Publikumszahlen oder der Verkäufe, erlaubt den Gedanken an eine Möglichkeit der Kunst, oder besser: an die Kunst als Möglichkeit, als Öffnung.

In diesen Dokumenten ist der Diskurs für das Verständnis des Projektes ausschlaggebend. Die Gewichtung der Wörter, um das Projekt und seine Rezeption von Beginn an zu gestalten. Wie mit einem Ausdruck, der symptomatisch ist für eine bestimmte Zeit und der generell auch bei anderen Institutionen Beachtung fand, wiederholt unterstrichen wird, will die Furkart keine Galerie sein, sondern ein „kulturelles Labor". Der Begriff „Labor" ist grundlegend, zumindest seit den sechziger Jahren dadurch, dass er eine neue Ausrichtung und Gestaltung von Kunstinstitutionen, insbesondere des Museums, erlaubt. Ein Labor ist etwas Lebendiges, sich Bewegendes, wo man Hypothesen überprüft, wo man sucht und untersucht – anstatt etwas bereits Bewährtes und Normiertes zu bieten, wie es die Museen mit ihrem sakralisierten Charakter oder die Galerien mit dem Bedürfnis, den Sammlern Sicherheit zu geben, gerne tun. In diesem kulturellen (und nicht nur künstlerischen) Labor ist die Beziehung zur Unsicherheit determinierend, und der Diskurs weist darauf hin: „es geht um einen Ort, wo Werke entstehen und wieder vergehen, und der eine Bereitschaft zur Auseinandersetzung erfordert".

Wie im frühesten das Projekt vorstellende Dokument der „Einführung" 1984 erläutert wird, ging es bei den geplanten Veranstaltungen um die Auseinandersetzung der Künstler mit dem speziellen Ort. Im Programm 1987 fügt Hostettler bei, dass das Forum Furkart den Künstlern ermögliche, Werke zu realisieren „unter Bedingungen, die sich wesentlich von den sonst üblichen unterscheiden." Das Angebot war also, „mit den Besonderheiten der Landschaft" zu arbeiten. Ungefähr zehn Jahre später, 1994, fasst Marc Hostettler die beiden Stränge zusammen, die auch uns in diesem Projekt zentral erscheinen: der Beitrag der Künstler zur „Reflexion" (indem ihnen Bedingungen geboten werden, die einer solchen Besinnung förderlich sind), und/oder dank den künstlerischen Realisierungen „einen ausserordentlichen Ort neu zu beleben". Damit setzt Hostettler einerseits den Akzent auf die Künstler und die Bedingungen ihrer Arbeit/Reflexion, andrerseits geht es ihm darum, dass der Ort, der Furkapass, durch die künstlerischen Interventionen wieder zum Leben komme. Das Spezifische dieser doppelten Absicht, das dieser eigenartigen Künstlerresidenz innewohnt, wird deutlich, wo er die Kriterien bei der Auswahl der Künstler darlegt: „Eingeladen werden jeweils Künstler, die aufgrund ihrer Sensibilität und Interessen in der Lage sind, sich von dieser Situation inspirieren zu lassen". Die Künstler werden also nicht allein wegen ihres bestehenden œuvres ausgewählt, sondern auch aufgrund ihrer Fähigkeit ein Werk, eine Aktion oder Ausstellung genau für diesen Ort und unter genau diesen Bedingungen zu realisieren. Etwas, das einmalig bleiben wird. Und das dem Ort einen neuen Schwung geben wird. Kunst hat, gemäss dieser Absicht, die Kraft, einen verlassenen Ort zu revitalisieren und wieder fruchtbar werden zu lassen. Und daraus einen Raum der Begegnung zu machen: ein „Forum", wie dieses Projekt zuweilen auch genannt wird.

Über diese Dokumente verstehen wir auch, wie sich das Projekt entwickelt hat. Wie es, ausgehend von einem Wunsch und anscheinend Frucht eines Impulses nach einer dort gezeigten Performance von Byars, reifen konnte zu einem Projekt mit offizieller Unterstützung von mehreren anerkannten Institutionen, wie sie am Ende einiger Unterlagen erwähnt werden. Wie aus einem verlassenen Ort ein wieder eröffnetes Hotel wurde, saniert vom Büro eines berühmten Architekten, Rem Koolhaas – der sich für das Projekt begeistert hat, für dieses Zusammenführen von „verschwitzen Radfahrern und Poeten" in ein und demselben Raum. Es ist die Seltsamkeit dieses Forums, dieses Ortes der unerwarteten Zusammenkünfte, die ihn interessiert: ein Ort, der „fast intim, abgeschieden und der künstlerischen Reflexion förderlich" ist. Noch einmal wird die Bedeutung der Reflexion unterstrichen und nicht allein die Tat oder das Herstellen eines Werkes.

Diese Unterlagen verdeutlichen auch, dass viele dort zustande gekommene, ständige Werke sich im Laufe der Zeit angesammelt haben, darunter Installationen, die in unterschiedlichen Orten der Hotelgebäude dauerhaft geworden sind oder den Aussenraum in ein „Museum" unter freiem Himmel verwandelt haben. Die letzten Dokumente zeigen bereits diese Kartierung und den Vorschlag für eine Wegstrecke, um sie zu besichtigen.

5.

In diesem Archiv finden wir unterschiedliche Ausführungen: Postkarten mit fotografischer Wiedergabe der Aktionen oder der Werke in situ; einige Postkarten, seltenere, mit dem Foto der teilnehmenden Künstler in mehr oder weniger informellen Posen; Dokumente von der laufenden Präsentation der Ausstellungen-Aktionen, üblicherweise mehr oder weniger anschaulich als „programme annoncé" bezeichnet, zur Mitteilung und Einladung.

Neben dem Format und der Ausgabe erfüllen die Dokumente unterschiedliche Funktionen. Während die Pressemitteilung die Ankündigung von etwas Bevorstehendem zum Zweck hat (mit der beigefügten Information über das was vorher geschah), finden wir unter den Postkarten für gewöhnlich die Erinnerung an das ausgeführte Werk, die Performances oder die Installationen. Sie sind keine Ankündigung sondern eine Form, die Erinnerung an etwas Vergängliches zu bewahren. Das Foto als Andenken. Was eigentlich wohl dasselbe ist: ein Versuch, die Zeit anzuhalten. Sie aufzuheben. Aber indem das Andenken als Erinnerung dient, ist es zur gleichen Zeit ein Hinweis auf das, was dort geschehen ist. Sie wird Teil der Kenntnis jener, die die Postkarte sehen werden. Wenn laut der Information dieser Dokumente ungefähr 50 Menschen bei der ersten Performance von Byars anwesend waren oder 500 bei den Performances des folgenden Jahres, werden wohl viele mehr über dieses gedruckte Material Zugang gehabt haben oder werden ihn noch bekommen. Und wir dürfen nicht das gewählte Medium vergessen: die Postkarte. Eine Art Brief zum Verschicken, um etwas in Umlauf zu setzen, um Nachrichten an einen Empfänger zu bringen – die „mail art" war ein Trend bei vielen Künstlern der sechziger und siebziger Jahre, aus dem Wunsch heraus, neue Kunstformen zu suchen, die näher am Leben sind; sie wurde von Konzeptkünstlern wie On Kawara als Strategie eingesetzt.

Eine gängige Angabe auf den Postkarten, aber auch aus offensichtlichen Gründen in den Pressemitteilungen, sind die Anfangs- und Enddaten der Ausstellungen ebenso die Anfangszeit im Falle der Performances. Wir kennen daher nicht nur den Ort (Furkapass) oder das Jahr, sondern auch den Tag und die Uhrzeit, an der sie stattgefunden haben. Für viele der Werke, wenn nicht gar für alle, ist diese Präzision bedeutend, weil sie von der zeitlichen Dimension abhängen. Sie erhalten Gestalt. Realität. So beginnt das erste Dokument des Projektes mit der Angabe von Datum und Uhrzeit der ersten Performance von Byars, am 24. Juli 1983 gegen 12 Uhr. Und wir erfahren aus der Ankündigung auf demselben Dokument, dass zur selben Uhrzeit des 24. Juli 1984 eine andere Performance stattfinden würde, von Byars und Beuys. Diese Erwähnung der Zeit ist auch wichtig bei der Angabe der Dauer im Falle der Performance – oder „Relational Work", wie es dort genannt wird –, von Abramović und Ulay: „Sie wird am 22. September stattfinden und 7 Stunden dauern". Die Information, die Kenntnis und die Zugangsform zu den Werken bestimmen, wie wir sehen werden, vieles von dem, was wir heute Kunst nennen.

6.

Für das Projekt Furkart sind die Erfahrung des Ortes, des Weges, um dorthin zu gelangen oder seine Abgelegenheit, die Beziehung zu dieser Landschaft und zu diesen Gebäuden zentral. Im Kontext der Kunst der zweiten Hälfte des 20. Jahrhunderts, gekennzeichnet durch konzeptuelle Tendenzen, wirft die Herstellung und Verteilung des Werkes weitere Fragen auf – die Wirkung der dort realisierten Werke verstärkend. Ob sie an diesem Ort und für diesen Ort Sinn ergeben, ob manche Werke Malerei sind, Skulpturen oder Installationen, was als Reproduktion nie wirklich erfahrbar werden wird. In anderen Fällen reizt uns ihr Nachhall in unmittelbarer Form, selbst diejenigen, die weder den Ort kennen noch die Werke in situ gesehen haben. Das ist es, was manche Postkarten mit Bild und Bildlegende vermögen. Gelegentlich frage ich mich, ob sie in einzelnen Fällen wohl nicht selbst Werke sind? Nicht nur eine Darstellung oder eine Bekanntgabe, sondern ein Werk an sich. Nicht ein Träger nur zweitrangiger Information, sondern erstrangiger, wie sie Seth Siegelaub genannt hätte, der die Postkarten in seiner Tätigkeit als Kurator und Herausgeber ebenfalls einsetzte – dabei dringende politische und wirtschaftliche Fragen zu Eigentum des Kunstwerks und seine Demokratisierung aufwerfend.

Zum Beispiel: Die Portkarte von Hamish Fulton mit einem von ihm aufgenommenen Foto und dem Satz darüber A TEN DAY CIRCULAR WALK FROM FURKAPASS SWITZERLAND SUMMER 1986, ist anderen seiner Werke nicht unähnlich; dasselbe trifft auf die Aussagekraft der Postkarte zu, die eine Signatur „Hodler" auf einem Stein zeigt, das Werk von Ian Hamilton Finlay von 1987; oder auf das Verständnis des Werkes von Richard Long, für die Postkarte mit dem Titel WIND LINE OVER THE FURKAPASS, A WESTWARD WALK, THE WIND DIRECTION AT EVERY HALF HOUR, fotografiert 1989; oder auch auf die visuelle und konzeptuelle Kraft von Werken wie *Instrument for Listening and Talking*, von Gretchen Faust und Kevin Warren, 1991; oder auf den Satz – den *Truisms* – von Jenny Holzer: YOUR OLDEST FEARS ARE THE WORST ONES, in einen Stein graviert; oder auf den Hinweis und die Einordnung von Paul-Armand Gette im *Le début du paysage – Col de la Furka*, 1991. Sie ersetzen in keinster Weise die Erfahrung des Werkes vor Ort, aber diese Verbreitungsmaterialien, diese Postkarten, werden selbst zu einer Erfahrung oder ermöglichen diese – durch die Verbindung von Text, Titel und Bild. Und war nicht die Kunst der sechziger und siebziger Jahre, besonders die Konzeptkunst, Vorreiterin im Entdecken neuer Formen und neuer Gebiete für die Kunst? Ist es nicht das Umfeld der Produktion und Verteilung des Werks, das hier infrage gestellt wird: Kann eine Postkarte nicht ein Kunstwerk sein? Was ist nötig, um eines zu werden: die beiden Pole, Künstler und Publikum, würde Duchamp sagen.

7.

Selbst wenn man dem nicht zustimmen möchte, dass diese Dokumente Kunst sind, vergessen wir nicht die Wichtigkeit ihrer Rolle: um mit diesen Werken und Künstlern in Verbindung zu treten; um ein Projekt mit solch einer Absicht zu retten; um die jüngere Kunstgeschichte nachbilden zu können; um zu verstehen, was wichtig war oder Beiwerk für die in dieses Projekt Einbezogenen – der Mentor Marc Hostettler im Besonderen und die von ihm eingeladenen Künstler; um neu zu überlegen, was wir möchten, dass Kunst sein solle, und welche ihre mögliche Funktion.

Beim Durchsehen der Bilder und Texte in diesen Dokumenten verstehen wir ebenso, wie der Diskurs Erzeuger ist von Erfahrung, von Sinn, von Welt – und ein Horizont für Möglichkeiten. Der Diskurs darüber ist schöpferisch. Marc Hostettler benutzte in seinem Projekt die Waffen der Kunstwerke, die ihn selbst interessierten: die Konzeptkunst im Besonderen. Auf diese Weise wurden die Flüchtigkeit, die Entfernung und geringe Besucherzahl ausgeglichen durch die Verbreitung dessen, was dort geschah – und dort, durch die mit dem Wort verbundene Fotografie, gewannen die Werke neue Resonanz und neuen Sinn. Diese Entfernung war kein Nachteil, sie war die nötige Bedingung für das Projekt.

Auf bestimmte Art zeigen diese Dokumente, dass es nötig ist zu sagen: „ecce!" „voici!". Ein Aufzeigen, eine Ankündigung, die an die Geste des Künstlers gebunden das Werk erschaffen. Diese Dokumente sind die nötige Bestätigung: eine Form von Existenz-Zertifikat. Wenn auch eine „kleine Nichtigkeit". Sie stellen sich hier auch in dieser unprätentiösen Form vor als eine weitere Hilfe. Als gesammelte Relikte, als ein Archiv, um eine Epoche besser zu verstehen. Oder sogar, um einander besser zu verstehen.

1. Fragment 80, *Athenaeum*.
2. Thomas Rodriguez, dem man dieses Buch verdankt, sammelt auch ununterbrochen Interviews mit den Künstlern und Teilnehmern dieses Projektes Furkart. Dies ist eine weitere Art, Erinnerung zu bewahren – und ein Archiv von lebenden Zeugen zu erstellen, in der ersten Person.
3. Michel de Certeau, *L'écriture de l'histoire*. Paris: Gallimard, 2007, Seite 109.
4. Jacques Le Goff, *Histoire et mémoire,* Paris: Gallimard, 1988, Seite 220.
Die Zitate von Michel de Certeau und von Jacques Le Goff sind übersetzt von Lalinha Alves.

On the ephemeral
Notes on the value of what (apparently) has no value

for Thomas Rodriguez

The historian is a prophet looking backwards.
F. Schlegel[1]

1.

The 20th century was when the ephemeral, and the precarious, were canonised. Theatre and dance were already aware of their value: these had always been transitory experiences. In the visual arts, however, one was used to permanence – and even the immortality of the artist ingrained in the work. In stone. On the canvas. In bronze. Eluard put it into words: "Le dur désir de durer". But the 20th century brought the dematerialisation of art, performance, happenings, the temporary site specific installation, works that were organic or consummated in nature, that with time disappeared or were altered by their surroundings, works that self-destructed or were destroyed by the artists themselves or other participants – in which their very destruction was the work – collaborative works and those where the participation and input of the public ensured their existence. All these precarious practices which have precedents in the history of art – such as ephemeral architecture in the Baroque period – became common. Ephemerality has stopped being an obstacle and since become significant in the work. As Paul Valéry implicitly understood, "the modern is content with little". And we too, following suit, content ourselves with "little" time. This constant focus on the instant – because *tempus fugit*, time flies – requires us to train our eye accordingly. Rather than paying attention to what seems apparently stable, solid, and durable, it reacts to the experience of time itself (its duration or instantaneousness). If nothing lasts, why not acknowledge this intrinsic temporariness? This, of course, raises issues for the market, collectors, museums and conservators... but meanwhile for artists, ephemerality has so often been a means to experiment, explore and even resist the institutions of the art world – a chance to liberate oneself.

Located in the Furka Pass of the Swiss Alps, a place very much off the beaten track while perhaps closer to the source of the artistic gesture, a space of possibilities emerged. During a specific time frame, the locale would be handed over to an artist, to whom it belonged and was his or hers to occupy: if the artist wished to leave a mark on the stones of the Alps, or on the walls of the building, so be it; if the artist sought to make art from the sheer length and intensity of the stay, or go explore on foot or blow something up, that was up to them. It was not by chance that the project began with a single *Drop of Black Perfume* spilled in the mountains by James Lee Byars, as the title of his 1983 performance indicates. A simple gesture in this far away place, practically deserted and abandoned (as Marc Hostettler, the organiser, described it in the first of the documents compiled here). That perfume, that distancing, in this specific place in the Alps, left an indelible mark on this project. In a place that is only available between July and September.

2.

The nature of the ephemeral is also indicative of the material compiled and presented in this book. It is generally called – when catalogued in libraries and archives – "ephemera": invitations, announcements, picture postcards, press releases, posters...Documents that have been marked by time – dated – or that have a practical function, and are considered less important or worthless as a result.

On the one hand, while many of the works from the Furkart project were indeed temporary, for such a book as this to endow its ephemeral material with significance is not an unreasonable goal. On the other, it is also contradictory: the material we call ephemeral, after having been gathered, compiled and appraised in a book (intended to last), seems to be it no longer. But this is also the inherent tension assumed by this project, a performance that took place high up in the Swiss Alps: shouldn't its echo reach others – artists, the curious, historians, curators, critics – in order to exist? Isn't its recognition fundamental? This recognition should exist not just in the moment in which the action took place, but also through its inclusion in the historic art narrative of the period: these postcards and press releases are fundamental in rewriting a part of history, above all when witnesses to its passing were few and far between. For example: by reading these documents, we understand how many of the names of artists mentioned here became prominent and even canonical in Western art, surfacing in all kinds of narratives and retrospectives, while others faded into oblivion, even among the art world's most zealous followers. This book, by presenting these documents lying forgotten in archives or among bundles of papers, is a way to make amends and rewrite history, without being judgmental or hampered by discourses which reduce the past to a single narrative or canon. By doing research on names that mean little to us and reading up on their biographies, or on works and performances that better known artists had made but which never achieved greater notoriety, is also a way to rewrite history – a task that is in continuous need of being done. This is also what an archive is for: to unearth unexpected finds. As Paul Ricœur wrote, there is a future in the past, where we find many promises waiting to be fulfilled. We are not interested in these documents just because they are a reminder of the past, but also because they can help us live and reflect upon the now.

3.

It is a recurring desire of these documents to gradually set down the history of the project. To record. To not forget what came before, the previous year, nor indeed the years before that. Most of all, when few were those who climbed the mountain to see the work – or attend the conferences: Jean-Hubert Martin, who was at the time at the height of his fame (after his decisive, controversial exhibition "Magiciens de la terre") related to Thomas Rodriguez[2] that in 1987, at the conference and conversation with curator of the Museum of Ethnography of Neuchâtel, Jacques Hainard (titled, not by chance, "Objet par nécessité") there were, besides organiser Marc Hostettler and his wife, just two others present: a couple of servicemen, who were stationed nearby and had got a bit lost...

These documents are memory and announcement. It is these remnants, these traces that this book is about. History cannot be made without leaving a trace, or marks, the vestiges we find in the present of a past that is already absent. Hence the importance of the archive: of collecting, of cataloguing, inventorying, listing. Some might say this is an archive of "little nothings", items of lesser worth. But this does not mean they have no importance. On the contrary: Thomas Rodriguez, by compiling this archive, by understanding its importance even when apparently it has no value, helps us to reconsider our view of the recent history of art – and reassess its possibilities, wherein resides a project that is also a promise. He turned his gaze (and ours also) upon what was in the margins, far from the centre – and Michel de Certeau could have been referring to him when writing about the new historians: "The historian is no longer a person who shapes an empire. He or she no longer envisages the paradise of a global history (...) He or she works in the margins. In this respect the historian becomes a prowler. In a society gifted at generalisation, endowed with powerful centralising strategies, the historian moves in the direction of the frontiers of great regions already exploited. He or she 'deviates' by going back to sorcery, madness, festival, popular literature, the forgotten world of the peasant, Occitania, etc., all these zones of silence."[3]

That which is considered historic – or of historical value – varies over time. Many documents which today we would consider essential were destroyed at specific moments in history and without the slightest hesitation, because they were not thought to be important or valuable. This shows how collections and collectors, as well as archivists, shape our history in the making, by deciding what to collect or not. This depends, at each time and in each place, on a set of unique circumstances and their context: archive what, how and why? History has to be questioned about the hiatuses, the gaps, the blank spaces, as Le Goff affirmed: "We have to inventory the archives of silence, and write history on the basis of documents and the absence of documents."[4]

Furthermore the history of art, even that which we believe to be more recent and close at hand, is full of silences. The material compiled in this book is a way to bridge this silence, to give a voice to a project which deserves to be remembered and studied in more depth. Some are already familiar with the project, but it is now accessible to far more of us, like a collection of vestiges, that we refuse to file away under a dogmatic narrative.

4.

These vestiges always call attention to something that is missing, redirecting us to an absence, to something that no longer exists. It could be the exhibition, the work, in some cases even the artist. But there is yet one more "absentee", Marc Hostettler, the organiser – as he refers to himself in these documents – who, if not here in person is always present, behind all this material and these artists. This book also serves to remind us of his eye, his discernment, his vigour and his discourse. This cultural project, exempt from the direct commercial circuit, even the attention of the media, the tyranny of audiences and sales, allows us to contemplate art's possibilities or, to be more succinct, art as possibility, openness.

In these documents, the discourse is essential to understanding the project – the importance words have in moulding the project from its very beginnings – and its reception. As has often been repeated, Furkart is not a gallery, but a "cultural laboratory", a term symptomatic of an era and emerging perspectives in other institutions around the world. The term "laboratory" is fundamental, and has been so since at least the 1960s, facilitating new objectives and configurations of our artistic institutions, in particular the Museum. A laboratory is something alive, in constant movement, where hypotheses are tested, where one seeks and investigates instead of delivering something preformulated and normalised, as in the sacred confines of museums and galleries held back by the obligation to meet the interests of their clients. In this cultural laboratory (not just artistic, the idea of culture being far broader) the relationship with uncertainty is a determining factor, as its discourse underlines: "where the work makes and unmakes itself, which calls for an attitude embracing confrontation."

As made clear in the first document, which introduced the project, what was sought after was to give guest artists the chance "to confront the nature of the place". A "challenge", in the words of Hostettler, "to express oneself in conditions that differ from those which they normally are offered." What was therefore proposed was that artists work "with the particularities of the site". About ten years later, in 1994, Marc Hostettler summed up the two aspects which would also seem to us to be fundamental to this project: to contribute to the "reflection" of the artists (offer them conditions in which the process of reflection can occur) "and/or", via the artists' proposals, to "revitalise an exceptional site". Thus on the one hand it places the impetus on the artist and the conditions for work/reflection, and on the other, it grants visibility to the place to which they have been invited, the Furka Pass – in order for it to be brought to life in new ways by an artistic intervention. The specificity of this double purpose, which is particular to this unique artistic residence, also becomes apparent when we consider the invitation criteria: artists are invited according to their "sensibility, their interest and their ability to respond to the setting in which they find themselves". It's not just their body of work that matters, but their readiness or aptitude – in that place and in those conditions – to potentially make a work, action or exhibition happen, one that will always be unique and breathe new life into a place. Art has, based on that premise, the potential to revive and revitalise abandoned places, while transforming them into spaces to congregate: a "forum", as this project has also been called.

In these documents, we also understand how this project evolved from a nascent aspiration inspired by Byars' initial performance to a project with the official patronage of various renowned institutions. From an abandoned locale to the site of a fully functioning hotel, transformed in part by the studio of a famous architect, Rem Koolhaas – whose fondness for the project stemmed from how in the same place it brought together "cyclists dripping in sweat and poets". It was the incongruity of this forum, of this place of unexpected encounters, that interested him: a place that is "almost intimate, isolated and propitious to artistic reflection". Once again, reference is made to the importance of reflection and not just action or the creation of the work.

These documents also help us to understand how many of the permanent works made there began to gradually accumulate alongside installations that also took up enduring residence in different buildings of the hotel, as the outdoor space too became a kind of open air "museum". The final documents map this and suggest a possible route for your visit.

5.

Within this archive we find different types of material: picture postcards with photographic documentation of the actions or works in situ; less frequently other postcards with a photograph of the participating artists in more or less informal settings; and more or less detailed documents presenting the exhibitions and actions taking place, nominally defined as press releases – "programme annoncé" – both announcement and invitation.

Besides the format and type of edition, the purpose of the documents may differ. If the press release is intended to announce something about to happen (and, in these cases, also explaining what happened previously), the postcards usually serve to commemorate the work, performance or installation in question. A photograph as souvenir/memento, which in truth, is always exactly this: an attempt to stop time, or suspend it. But, while being a memento, it is also an announcement of what took place there, restoring its existence through the awareness of those who see the postcard. If about 50 people were there to see Byars' first performance, or 500 were at the performances the following year, according to the information found in these documents, these works will have reached many more already, and will continue to do so, through this printed material. Also, we cannot ignore the chosen medium: the postcard. A missive, to send out and circulate, to bring the news to the addressee – while "mail art" was a practice adopted by many artists in the 1960s and 70s, in the desire to seek other forms of art that brought it closer to the everyday – and used as a strategy by conceptual artists such as On Kawara.

A feature of the postcards, as well as for obvious reasons of the press releases, is the opening and closing dates of exhibitions, as well as the starting time of performances. We therefore know not just the location (Furka Pass) and year, but also the day and hour when these events took place. For much of the work, if not all, because it depends on a specific time frame, this preciseness appears to be a determining factor. It gives the work substance. Veracity. This was precisely how the first ever document of the project began, with an indication of the time and date of Byars' first performance, on the 24th of July 1983, around 12 midday. And we know from the explanatory notes on the same document, that at the same time on the 24th of July 1984, another performance was to take place, this time with Byars and Beuys. This question of time is also important in indicating duration, in the case of a performance – or "Relational Work", as it is described –, by Abramović and Ulay: "It will take place on September 22 and last 7 hours". Information, awareness and access to the work, as we shall see, define much of what we call art today.

6.

If the experience of the place – the logistics of getting there, its distancing, the relationship between that landscape and those buildings – is essential to the Furkart project in the context of art created in the second half of the 20th century, with its strong conceptual base, the production and dissemination of a work raises other kinds of questions – and may have further consequences for the work made in that place. If it makes sense for the works to be there, to be specifically for there, and if some of the work is painting, sculpture or installation which can never really be reproduced in another form, in other cases its resonance has a more immediate effect upon us, even if we don't know the locale or haven't seen the work in situ. It is exactly this that some postcards, with an image and a brief text, achieve. The question could be asked, with some caution, whether in certain cases even these could be considered art? Not a representation, or an announcement, but actual works in their own right. Not supplementary material or secondary data, but primary, as Seth Siegelaub would say, who also used the postcard format in his practice as curator and editor – raising pertinent political and economic questions about ownership of art and its democratisation.

A case in point: the postcard for Hamish Fulton, with a photograph he himself took, over which is the phrase A TEN DAY CIRCULAR WALK FROM FURKAPASS SWITZERLAND SUMMER 1986, and which differs little from his work; the same occurs with the impactful postcard from 1987 where the name "Hodler" can be seen carved into a stone by Ian Hamilton Finlay; or the insightfulness of the work by Richard Long, photographed for the 1989 picture postcard, with the title WIND LINE OVER THE FURKAPASS, A WESTWARD WALK, THE WIND DIRECTION AT EVERY HALF HOUR; or the visual and conceptual grandeur of works such as *Instrument for Listening and Talking*, from 1991, by Gretchen Faust and Kevin Warren; or the phrase by Jenny Holzer, belonging to her *Truisms* series, YOUR OLDEST FEARS ARE THE WORST ONES, engraved on a rock; or the sense of presence and framing of Paul-Armand Gette, in *Le début du paysage – Col de la Furka*, 1991. In no way do they replace experiencing the work with our very own eyes, but this publicity material, these postcards, provide or potentialise an experience of their own – through the articulation between text, title and image. And is it not true that it was the art of the 1960s and 1970s, in particular conceptual art, which was a pioneer in the discovery of new modalities and territories for art? Can we not question the means of production and distribution of the work: to the point where a postcard can be a work also? In order for it to be so, as Duchamp determined, there are two poles: the artist and the public.

7.

Even if we do not wish to proclaim these documents as art, we will never tire of insisting upon the importance of their role: to bring us closer to these works and artists; to reinstate the purpose of a project like this one; to contribute towards the retelling of art's recent history; to understand what was important, or complimentary, to those involved in the project – in particular their mentor, Marc Hostettler, and the artists he invited; to rethink what we want art to be and its possibilities.

Looking at these documents, images and texts, we also understand how discourse is a constructor of experience, meaning, and world – as a horizon of possibilities. Discourse is creator. Marc Hostettler used in his project the tools of the art works he liked: conceptual art in particular. By these means, the ephemerality, the distancing and the low attendance of the general public were compensated by the publicising of what went on there – and from this, through the written word in articulation with the photographic image, works gained new resonance and meaning. This distancing was not a bad thing in itself, in fact it became an integral element of the project.

In a sense, these documents show how much we need someone to stand up and say "ecce!", "voici!". A sign, an announcement which, combined with the artist's act, brings the work to life. These documents are an essential validation: a kind of decree of their existence, even if they are but "little nothings". Hence also, this unpretentious form in which they are being presented, as a compilation of vestiges, an archive, in order for us to better understand a particular moment in time. Or in other words, to better understand ourselves.

1. Fragment 80, *Athenaeum*.
2. Thomas Rodriguez, to whom we owe this book, has also been compiling interviews
with artists and participants in the Furkart project. It is another way of preserving memories
– by creating an archive of living testimonies, in the first person.
3. Michel de Certeau, *The Writing of History*, trans. Tom Conley
(New York: Columbia University Press, 1988), p. 79.
4. Jacques Le Goff, *History and Memory*, trans. Steven Rendall and Elizabeth Claman
(New York: Columbia University Press, 1992), p. 182.

Daniel Buren
Détail, photo-souvenir 1991
Façade nord

© FURKART · CH-6491 FURKAPASSHÖHE · TELEFON 044 6 72 97

Photo: Marc Hostettler

FURKA ZONE

Chronologie partielle

1845
18.08.: Erstbesteigung Galenstock 3586 m, [Pierre Jean] Édouard Desor (Neuchâtel; Friedrichsdorf DE 1811–1882 Nizza FR), Daniel Dollfus-Ausset (Mulhouse FR 1797–1870 Riedisheim FR) und sein Sohn Daniel Dollfus (Mulhouse FR 1823–1860 Manchester UK), mit den Einheimischen Hans Währen, Melchior Banholzer, P. Brigger und H. Jaun

ca.1850
Hotel Furka, Franz Karl Müller (Hospental CH) und sein Sohn Sebastian Müller

1863–1866
Bau der Passstrasse

1868
22.08.–25.08.: Queen Victoria (London 1819–1901 Isle of Wight) im Hotel Furka auf der Passhöhe: "There were only 42 degrees [Fahrenheit = 5.5º Celsius] in my room!"

ca.1888
Hotel Furka, Erweiterung, Hotelierfamilie Müller-Lombardi

ca.1893
Hotel Furkablick, Eduard Müller, architect: Giuseppe Ferla (Lugano CH 1859–1916 Lugano CH)

ca.1903
Hotel Furkablick Erweiterungsbau, Eduard Müller, architect: unknown

1909
À la mémoire de // R. O. Merian / Major / De cavalerie / Suisse // Lieut. Berkeley / Du 2ᵈ Middlesen Régiment / Angleterre // Johann Bleuer / Guide de Grindelwald // 22 Janvier 1909

1915
25.09.: Durchstich Furka-Scheiteltunnel (Furka–Muttbach)

1981
02.04.: Durchstich Furka-Basistunnel (Realp–Oberwald)

1982
Hotel Furka (ca. 1850–1977), Abbruch

1983–2003
Marc Hostettler (*1951 Rüschegg CH), Éditions Média, Neuchâtel, Furk'Art

1983
– James Lee Byars (Detroit US 1932–1997 Kairo EG), *A Drop of Black Perfume*, 24.07.1983, 12:00

1984–
– Panamarenko (*1940 Antwerpen BE)

1984
– James Lee Byars / Joseph Beuys, *The Introduction of the Sages to the Alps*, 24.06.1984
– Marina Abramović (*1946 Beograd SC) & Ulay (*1943 Solingen DE), *Nightsea Crossing*, 22.09.1984
– Yutaka Matsuzawa (Suwa JP 1922–2006 Shimosuwa-machi JP), [performance, 25.06.1984]

1986
– Guillaume Bijl (*1949 Antwerpen BE), *Composition trouvée*
– Hamish Fulton (*1949 London GB), *A Ten Day Circular Walk from Furkapass Switzerland Summer 1986*
– Ingold Airlines (1982–) [Res Ingold, *1954 Burgdorf CH], *Main Deck Container P/N 1-2 A*
– Per Kirkeby (Københavns DK 1938–2018 Københavns DK), *Furkapasshöhe*
– Jean Le Gac (*1936 Alès FR), *L'Écho*

1987–1989
– Daniel Buren (*1938 Boulogne-sur-Seine FR), *Sans titre* [volets]

1987
– Ian Hamilton Finlay (Nassau BS 1925–2006 Dunsyre GB), *A Proposal for the Furka Pass*
– Kazuo Katase 片瀬和夫 (*1947 Shizuoka JP), *Trink eine Tasse Tee*
– Olivier Mosset (*1944 Bern CH), *2 août 1987*
– François Morellet (Cholet FR 1926–2016 Cholet FR), *Un paysage entre deux néons*
– Michel Ritter (Fribourg CH 1949–2007 Paris FR), *Sans titre* [installation – Super 8]
– Royden Rabinowitch (*1943 Toronto CA), *Three Rolled Conic Surfaces Applied to a Region of Curvature Maintaining Local and Somatic Descriptions*

1988
– Stanley Brouwn (Paramaribo SR 1935–2017 Amsterdam NL), *steps in the direction of furkapasshöhe*
– Daniel Buren, *La Visée*
– Gianni Colombo (Milano IT 1937–1993 Melzo IT), *Architettura cacogoniometrica alpina, A Bruno Taut*
– John Hilliard (*1945 Lancaster GB), *Plein-Air*, [vitrine]
– Rémy Zaugg (Courgenay CH 1943–2005 Basel CH), *Ohne Titel (1988-08-19: 10-18)*
– Christoph Rütimann (*1955 Zürich CH), *Ein stehender Ton*
– Reiner Ruthenbeck (Velbert DE 1937–2016 Ratingen DE), *2500 Blatt 50 x 50 cm*

1989
– Günther Förg (Füssen DE 1952–2013 Freiburg im Breisgau DE), *Deux reliefs*
– Richard Long (*1945 Bristol GB), *Wind line over the Furkapass / A westward walk / The wind direction at every half hour*
– Anna Winteler (*1954 Lausanne CH) & Monica Klingler (*1958 Cooperstown NY US)

1990–1991
Restaurant Furkablick, Umbau, architect: OMA (1975–), Rem Koolhaas (*1944 Rotterdam NL)

1990
– Roger Ackling (Isleworth GB 1947–2014 Norfolk GB), *August 1990*
– John Armleder (*1948 Genève CH), *Furniture Paintings*
– Terry Fox (Seattle US 1943–2008 Köln DE), *Locus Harmonium* [performance, 11.08.1990], *Locus Harmonium* [situation]
– Mark Luyten (*1955 Antwerpen BE), *L'orangerie VI*
– Niele Toroni (*1937 Muralto Locarno CH), *Empreintes de pinceau n° 50 répétées à intervalles réguliers (30 cm)*
– Lawrence Weiner (*1942 Bronx NY US), *Covered by Clouds*

1991
– Gretchen Faust (*1961 Stoneham MA US) & Kevin Warren (US), *Instrument for Listening and Talking*
– Pierre André Ferrand (*1952 CH), *Beati pauperes spiritu*

– Paul-Armand Gette
(*1927 Lyon FR),
*Le début du paysage –
Col de la Furka*
– Jenny Holzer
(*1950 Gallipolis OH US),
Truisms
– Kim Jones
(*1944 San Bernardino CA US),
Lover's Leap (little mountain)
– René Zäch
(*1946 Solothurn CH),
Modell I [verschollen], *Modell II*
– Dorothee von Windheim
(*1945 Volmerdingsen DE),
Ich zertrete eine blaue Blume...
[performance, 17.08.1991, 15:15]

1992
– Ian Anüll
(*1948 Sempach CH),
Chocolade
– Terry Atkinson
(*1939 Thurnscoe GB),
Bunker – Igloo
– Andreas Christen
(Bubendorf CH 1936–
2006 Zürich CH),
Sieben bemalte Steine
– Ria Pacquée
(*1954 Merksem BE)
The Collector of Stones
– François Morellet,
Homage à Muybridge
– John Nixon
(*1949 Sydney AU),
Orange + Black

1993–1995
Umbau Dépendance Furka
Passhöhe, architect: Luc Deleu
(*1944 Duffel BE)

1993
– Glen Baxter
(*1944 Leeds GB),
*For What Seemed Like an Eternity
Hank Continued to Contemplate
the Metaphor*
– Alix Lambert
(*1968 Washington US),
Untitled
[concrete-filled garbage bags]
– Jean-Luc Manz
(*1952 Neuchâtel CH),
Giuseppe, Paysage I–III
– Roman Signer
(*1938 Appenzell CH),
Tisch mit Raketen, 27.09.1993
– Steven Parrino
(New York US 1958–
2005 Brooklyn US),
Fucked Ground (for Pino Pascali)

1994
– Max Bill
(Winterthur CH 1908–
1994 Berlin DE),
Feuerplatz Furkapass
– Filip Francis
(*1944 Duffel BE),
L'installation
– Christian Floquet
(*1961 Genève CH),
Acryl sur toile

– Mario Merz
(Milano IT 1925–2003 Torino IT),
Passo della Furka
– Claude Rutault
(*1941 Les Trois-Moutiers FR),
La peinture mise à plat

1996
– Jean Crotti
(*1954 Lausanne CH),
Sans titre
– Bernard Faucon
(*1950 Apt Lubéron FR),
Lâché d'étoiles
– Peter Fischli
(*1952 Zürich CH)
& David Weiss
(Zürich CH 1946–2012 Zürich CH)

1999
– Joseph Kosuth
(*1945 Toledo OH US),
*Ich bemerke, daß ich in meinem
Schreiben der Menschen wenig
erwähne; sie sind auch unter
diesen großen Gegenständen der
Natur, besonders im Vorbeigehen,
minder merkwürdig. J.W.G.*

―――――

2004–
Alfred Richterich
(*1935 Laufen CH)
Alfred Richterich Stiftung /
Institut Furkablick

2004
– Huang Qi 黃琪
(*1956 Kunming CN),
editor, *Chinese Characters
then and now* 漢字古今談谈,
A Furka Publication /
Edition Voldemeer Zürich

2006
– Institut Furkablick Bibliothek
(in memoriam Andreas Christen)
– René Zäch, *Modell I*, 1991,
[mise en valeur]

2006–
– Thomas Popp
(*1966 Arbon CH), *Furka 1994
2000 2006 2012 2018 2024*

2007
46°34'35"N 8°25'16"E 2429 mMSL
Furka Pass Cemetry
Cimetière du col de la Furka
Cimitero del passo della Furka
Friedhof Furka Passhöhe

2008–2017
– Terry Fox, *Locus Harmonium*
[situation], 1990, [mise en valeur]

2009
– Stefan Sulzer
(*1978 Muri AG CH), *Requiem
aeternam*, [mixed media;
vocals: Kloster Einsiedeln,
Pater Basil, Pater Bernhard,
Pater Lukas, Pater Georg,
Pater Urban, Pater Kolumban,
Pater Jean-Sébastien,
Bruder Daniel Emmenegger,
Bruder Thomas Fässler,
Novize Philipp Steiner;

audio engineer: Ivo Schläpfer;
cycle 07:00, 10:00, 13:00,
16:00, 19:00]

2011
– Stefan Sulzer, *White Silence*
[double-projection vidéo, 15'07"],
A Furka Satellite
– Olivier Mosset, *2 août 1987*,
1987, [mise en valeur]

2012
– Rémy Zaugg,
Ohne Titel (1988-08-19: 10-18),
1988, [mise en valeur]
– Jean-Luc Manz, *Giuseppe*,
1993, [mise en valeur]

2013
– Michael Oppitz
(*1942 Arnsdorf DE),
*Morphologie der
Schamanentrommel*
[2 Bände], A Furka Publication /
Edition Voldemeer Zürich
– John Armleder,
Furniture Paintings, 1990,
[mise en valeur]
– Christian Floquet,
Acryl sur toile, 1994,
[mise en valeur]
– Jean-Luc Manz,
Paysage I–III, 1993,
[mise en valeur]

2013–
– Daniel Buren, *Sans titre* [volets],
1987–1989, [mise en valeur]

2014–2016
– Lukas Baumann
(*1980 Andermatt CH)
avec Constance Leroy
(*1990 Paris FR),
Architekturstudie Dépendance
Furkablick

2016
– Stanley Brouwn, *steps
in the direction of furkapasshöhe*,
1988, [mise en valeur]
– G10 Materialmagazin (1917),
Schindeldach 214 m²,
[restauration]

2017
– Hanne van Dyck
(*1985 Herentals BE),
Crush Barrier [video, 09'16"],
A Furka Satellite

2018
– Cristina Consuegra
(*1985 Bogota CO), *at-tend-ing*
– Thomas Rodriguez
(*1972 Chartres FR) [auteur],
Furkart ephemera
[préface: Patricia Nussbaum
(*1951 Annemasse FR),
postface: Paulo Pires do Vale
(*1973 Bragança PT),
édition de tête par Jean-Luc Manz],
A Furka Publication /
Captures éditions
– Liliana Sánchez
(*1979 Bogota CO),
Nulls [audio/video, 23'47''],
A Furka Satellite

FurkArt ephemera
1984-1996

Conception et recherche iconographique
Konzept und Bildrecherchen
Design and image research:
Thomas Rodriguez

Textes / Texte / Texts:
Patricia Nussbaum,
Paulo Pires do Vale

Traductions / Übersetzung / Translations:
L'aventure de la Furkart:
Patricia Nussbaum, John Tittensor
De l'éphémère, notes sur la valeur de ce qui (en apparence) n'en a pas:
Lalinha Alves, Colin Ginks, Kennis Translations
(Sophie Enderlin, Marina Roger)
Relecture / Lektorat / Copyediting:
Marc Budin, Valérie Bussmann

Graphisme / Gestaltung / Graphics:
Thomas Rodriguez, Jocelyne Fracheboud
Photographie des documents / Fotographien / Document photography:
Fabrice Schneider
Photogravure / Fotoreproduktionen / Photoengraving: Printmodel, Paris

Édité à 1000 exemplaires.
Dont 9 tirages de tête conçus
par Jean-Luc Manz,
Page du carnet n° 3 : 1992-1996,
reproduite par Roger Emmenegger,
Datatype SA Lausanne.
© Jean-Luc Manz
et musée Jenisch Vevey.
Chaque page est accompagnée
d'une carte postale manuscrite.

In einer Auflage von 1000 Exemplaren,
davon neun von Jean-Luc Manz gestaltete
Sondereditionen, *Page du carnet n° 3: 1992-1996*,
gedruckt von Roger Emmenegger,
Datatype SA Lausanne.
© Jean-Luc Manz und Musée Jenisch Vevey.
Jeder Seite ist eine handgeschriebene
Postkarte beigefügt.

Edition of 1000,
including 9 copies specially
designed by Jean-Luc Manz
Page du carnet n° 3: 1992-1996,
reproduced by Roger Emmenegger
at Datatype SA Lausanne.
© Jean-Luc Manz and Musée Jenisch, Vevey.
Each copy is accompanied by
a hand-written postcard.

Remerciements à / Dank an / Our thanks to:
Jean-Paul Felley, Marc Hostettler,
Olivier Kaeser, Jean-Luc Manz,
Patricia Nussbaum, Janis Osolin,
Paulo Pires do Vale, Alfred Richterich,
Fabrice Schneider, Benoit Taupin;

ainsi qu'aux artistes et photographes,
et toutes les personnes qui soutiennent
et encouragent ce projet.

ebenso an die Künstler und Fotografen
und alle Personen, die dieses Projekt unterstützt
und gefördert haben.

and to the artists and photographers
and all the other supporters and backers
of this project.

Cette publication a été réalisée
par Thomas Rodriguez en étroite collaboration
avec Jocelyne Fracheboud et Valérie Cudel.

Diese Publikation ist redaktionell erarbeitet
und gestaltet worden von Thomas Rodriguez
in enger Zusammenarbeit mit
Jocelyne Fracheboud und Valérie Cudel.

Final edit: Thomas Rodriguez in close
collaboration with Jocelyne Fracheboud
and Valérie Cudel.

Avec le soutien des partenaires publics et privés
Mit der Unterstützung öffentlicher
und privater Partner
Public and private sector partners:
Pro Helvetia
Canton du Valais, Service de la culture
Fondation Jan Michalski
pour l'écriture et la littérature
Alfred Richterich Stiftung / Institut Furkablick.

© Thomas Rodriguez,
Captures éditions.

Captures éditions
1 rue Gutenberg
26000 Valence
t +33 (0)4 75 78 45 14
www.captures-editions.com

Diffusion-distribution / Vertrieb-Distribution / Distribution:
Les presses du réel
www.lespressesdureel.com

Achevé d'imprimer sur les presses
de Simongraphic à Ornans,
sur papiers Fly 07 et Materica.

Druck: Simongraphic, Ornans.
Papier: Fly 07 und Materica.

Printed by Simongraphic in Ornans, France
on Fly 07 and Materica papers

Dépôt légal : premier trimestre 2019
Gesetzliche Pflichthinterlegung: 1. Quartal 2019
Copyright deposit: First quarter, 2019

ISBN : 978-2-9558778-8-3

Crédits

Dossier, FurkArt 1984.
© Marc Hostettler / Institut Furkablick.

Carte postale, FurkArt 1983.
James Lee Byars, "a drop of black perfume", 24.7.1983.
Photo Balthasar Burkhard.
© The Estate of James Lee Byars / The Estate of Balthasar Burkhard / Institut Furkablick.

Introduction 16.5.84, FurkArt 1984.
© Marc Hostettler / Institut Furkablick.

Carte postale, FurkArt 1984.
Basco, Kari and James, *Refuge Furka*, 24.6.1984.
Photo Marc van Geyte.
© Marc van Geyte / Institut Furkablick.

Carte postale, FurkArt 1984.
James Lee Byars.
James Lee Byars und der Drachen 24.6.1984.
Photo Marc van Geyte.
© The Estate of James Lee Byars / Marc van Geyte / Institut Furkablick.

Carte postale, FurkArt 1984.
Yutaka Matsuzawa, *Performance*, 25.6.1984.
Photo Marc van Geyte.
© The Estate of Yutaka Matsuzawa / Marc van Geyte / Institut Furkablick.

Carte postale, FurkArt 1984.
Mr. and Mrs. Matsuzawa, *25th of June 1984*.
Photo Marco Schibig.
© Marco Schibig / Institut Furkablick.

Notes, Marc Hostettler, FurkArt 1994.
© Marc Hostettler / Institut Furkablick.

Carte postale, FurkArt 1984.
Panamarenko, "Rucksackflug-Test" August 1984.
Photo Vera Isler.
© Panamarenko / Vera Isler / Institut Furkablick.

Carte postale, FurkArt 1984.
Panamarenko, *18.7.1984 bis 3.9.1984*. Photo Vera Isler.
© Panamarenko / Vera Isler / Institut Furkablick.

Carte postale, FurkArt 1984.
Ulay & Marina Abramović, *Nightsea Crossing Furkablick*, 22.9.1984.
Photo Guido Nussbaum.
© Ulay & Marina Abramović / Guido Nussbaum / Institut Furkablick.

Programme, FurkArt 1986.
© Marc Hostettler / Institut Furkablick.

Carte postale, FurkArt 1986.
Per Kirkeby, *Furkapasshöhe*, 1986.
Photo Christof Hirtler.
© Per Kirkeby / Christof Hirtler / Institut Furkablick.

Carte postale, FurkArt 1986.
Per Kirkeby, *Furkapasshöhe*, 1986.
Photo Marco Schibig.
© Per Kirkeby / Marco Schibig / Institut Furkablick.

Carte postale, FurkArt 1986.
Guillaume Bijl, "composition trouvée" 1986.
Photo Marco Schibig.
© Guillaume Bijl / Marco Schibig / Institut Furkablick.

Carte postale, FurkArt 1986.
INGOLD AIRLINES, *Main Deck Container P/N 1-2A Furkapasshöhe*, 1986.
Photo Marco Schibig.
© Res Ingold / Marco Schibig / Institut Furkablick.

Informations complémentaires, FurkArt 1986.
© Marc Hostettler / Institut Furkablick.

Communiqué de presse, FurkArt 1986. INGOLD AIRLINES.
© Res Ingold / Institut Furkablick.

Carte postale, FurkArt 1986.
Aus: "Marco Schibig, *12 Photographien, Furka 1986*".
Photo Marco Schibig. © Marco Schibig / Institut Furkablick.

Carte postale, FurkArt 1986.
Le peintre L..., *Hotel Furkablick, chambre 22*.
Photo Marco Schibig.
© Jean Le Gac / Marco Schibig / Institut Furkablick.

Carte postale, FurkArt 1986.
Jean Le Gac, "L'Echo", 1986.
Photo Renaud Le Gac.
© Jean Le Gac / Renaud Le Gac / Institut Furkablick.

Carte postale, FurkArt 1986.
Hamish Fulton, *septembre 1986*.
Photo Hamish Fulton.
© Hamish Fulton / Institut Furkablick.

Programme, FurkArt 1987.
© Marc Hostettler / Institut Furkablick.

Carte postale, FurkArt 1987.
Michel Ritter, *Installation – Film Super 8 1987*.
Photo Jacques Sidler.
© The Estate of Michel Ritter / Jacques Sidler / Institut Furkablick.

Carte postale, FurkArt 1987.
Ian Hamilton Finlay, *A Proposal for the Furka Pass 1987*.
Photo Marco Schibig.
© The Estate of Ian Hamilton Finlay / Marco Schibig / Institut Furkablick.

Ian Hamilton Finlay [Announcement], FurkArt 1987.
© The Estate of Ian Hamilton Finlay / Institut Furkablick.

Carte postale, FurkArt 1987.
Kazuo Katase, „Trink eine Tasse Tee" 1987.
Photo Lucia Degonda.
© Kazuo Katase / Lucia Degonda / Institut Furkablick.

Carte postale, FurkArt 1987.
1987, *0730*. Photo Lucia Degonda.
© Lucia Degonda / Institut Furkablick.

Royden Rabinowitch, *Three Rolled Conic Surfaces Applied to a Region of Curvature Maintaining Local and Somatic Descriptions*. 1987.
Photo Claude Joray.
© Royden Rabinowitch / Claude Joray / Institut Furkablick.

Carte postale, FurkArt 1987.
Royden Rabinowitch, *Vue sur le col de l'Oberalp et la vallée d'Urseren*.
Photo Marco Schibig.
© Royden Rabinowitch / Marco Schibig / Institut Furkablick.

Carte postale, FurkArt 1987.
François Morellet, „Un paysage entre deux néons" 1987.
Photo Claude Joray.
© The Estate of François Morellet / Claude Joray / Institut Furkablick.

Carte postale, FurkArt 1987.
Olivier Mosset, *2 août 1987*.
Photo Claude Joray.
© Olivier Mosset / Claude Joray / Institut Furkablick.

Carte postale, FurkArt 1987.
Furkapasshöhe 1987.
Photo Luc Deleu.
© Luc Deleu Sabam / Institut Furkablick. FurkArt 1988.

Programme, FurkArt 1988.
© Marc Hostettler / Institut Furkablick.

Carte postale, FurkArt 1988.
Daniel Buren, *Photo-souvenir 1988 „La visée" exposition aux vents*.
Photo Dominique Stroobant.
© Daniel Buren / Dominique Stroobant / Institut Furkablick.

Carte postale, FurkArt 1988.
Gianni Colombo, „A Bruno Taut" septembre 1988.
Photo Dominique Stroobant.
© The Estate of Gianni Colombo / Dominique Stroobant / Institut Furkablick.

Carte postale, FurkArt 1988.
Gianni Colombo, *Architettura cacogoniometrica alpina 1988*.
Photo Dominique Stroobant.
© The Estate of Gianni Colombo / Dominique Stroobant / Institut Furkablick.

Carte postale, FurkArt 1988.
John Hilliard, „Plein-Air" 1988.
Photo Dominique Stroobant.
© John Hilliard / Dominique Stroobant / Institut Furkablick.

Carte postale, FurkArt 1988.
Reiner Ruthenbeck,
2500 Blatt 50x50 cm 1988.
Photo Luigi Biagini.
© The Estate of Reiner Ruthenbeck / Luigi Biagini / Institut Furkablick.

Enveloppe et programme
3 septembre 1988.
© Marc Hostettler / Institut Furkablick.

Carte postale, FurkArt 1988.
Christoph Rütimann,
ein stehender Ton
5. 8. 1988 – 22. 9. 1988.
Photo Christoph Rütimann.
© Christoph Rütimann / Institut Furkablick.

Carte postale, FurkArt 1988.
Rémy Zaugg, *Projection 1988*.
Photo Dominique Stroobant.
© The Estate of Rémy Zaugg / Dominique Stroobant / Institut Furkablick.

Carte postale, FurkArt 1988.
Rémy Zaugg, Furk'art 1988.
Photo Aufdi Aufdermauer.
© The Estate of Rémy Zaugg / Aufdi Aufdermauer / Institut Furkablick.

Programme, FurkArt 1989.
© Franziska Schott
& Marco Schibig / Marc Hostettler / Institut Furkablick.

Carte postale, FurkArt 1989.
Günther Förg,
Deux reliefs, 1989.
Photo Claude Joray.
© The Estate of Günther Förg / Claude Joray / Institut Furkablick.

Carte postale, FurkArt 1989.
Richard Long, WIND LINE OVER THE FURKAPASS / A WESTWARD WALK / THE WIND DIRECTION AT EVERY HALF HOUR 1989.
Photo Marco Schibig.
© Richard Long / Marco Schibig / Institut Furkablick.

Carte postale, FurkArt 1989.
Panamarenko,
"Garage des Alpes" 1989.
Photo Luc Deleu.
© Panamarenko / Luc Deleu/ Institut Furkablick.

Carte postale, FurkArt 1989.
Walk III, *Installation vidéo*, Anna Winteler avec Monica Klingler 1989.
Photo Anna Winteler.
© Monica Klingler / Anna Winteler / Institut Furkablick.

Carte postale, FurkArt 1989.
Daniel Buren, *"La visée" Photos-souvenirs 1989*.
Photo Roland Aufdermauer.
© Daniel Buren / Roland Aufdermauer / Institut Furkablick.

Programme, FurkArt 1990.
Photo John Hilliard.
© John Hilliard / Franziska Schott & Marco Schibig / Marc Hostettler / Institut Furkablick.

Carte postale, FurkArt 1990.
Roger Ackling, *August 1990*.
Photo Marco Schibig.
© The Estate of Roger Ackling / Marco Schibig / Institut Furkablick.

Carte postale, FurkArt 1990.
Roger Ackling, *25 août 1990*.
Photo Dominique Stroobant.
© The Estate of Roger Ackling / Dominique Stroobant / Institut Furkablick.

Carte postale, FurkArt 1990. John Armleder, „Furniture Paintings" 1990. Photo Stefan Rohner.
© John Armleder / Stefan Rohner / Institut Furkablick.

Carte postale, FurkArt 1990.
Terry Fox, *Performance*,
11 août 1990.
Photo Karin Wegmüller.
© The Estate of Terry Fox/ Karin Wegmüller / Institut Furkablick.

Carte postale, FurkArt 1990.
Terry Fox, "LOCUS HARMONIUM" 11 août 1990.
Photo Sigmar Gassert.
© The Estate of Terry Fox/ Sigmar Gassert / Institut Furkablick.

Carte postale, FurkArt 1990.
Mark Luyten, "L'orangerie VI" Installation 1990.
Photo Mark Luyten.
© Mark Luyten / Institut Furkablick.

Programme + carte, FurkArt 1989.
© Marc Hostettler / Institut Furkablick.

Carte postale, FurkArt 1990.
Niele Toroni, *Intervention Furkapasshöhe 1990*.
Photo Roland Aufdermauer.
© Niele Toroni / Roland Aufdermauer / Institut Furkablick.

Carte postale, FurkArt 1990.
Niele Toroni, *Empreintes de pinceau n° 50 répétées à intervalles réguliers (30 cm) 1990*.
Photo Marco Schibig.
© Niele Toroni / Marco Schibig / Institut Furkablick.

Carte postale, FurkArt 1989.
Lawrence Weiner,
"Covered by clouds" 1989.
Photo Dominique Stroobant.
© Lawrence Weiner / Dominique Stroobant / Institut Furkablick.

Carte postale, FurkArt 1990.
Lawrence Weiner, *Keywork 1990*.
Photo Claude Joray.
© Lawrence Weiner / Claude Joray / Institut Furkablick.

Dossier de presse,
FurkArt 1990-1991.
OMA Rem Koolhaas,
RENOVATION HOTEL FURKABLICK.
© OMA Rem Koolhaas / Marc Hostettler / Institut Furkablick.

Programme, FurkArt 1991.
© Franziska Schott & Marco Schibig / Marc Hostettler / Institut Furkablick.

Carte postale, FurkArt 1991.
Gretchen Faust / Kevin Warren, „Instrument for listening and talking" 1991.
Photo Steve Doughton.
© Gretchen Faust / Kevin Warren / Steve Doughton / Institut Furkablick.

Carte postale, FurkArt 1991.
Pierre André Ferrand,
„Beati paupers spiritu" 1991.
Photo Alain Germond.
© Pierre André Ferrand / Alain Germond / Institut Furkablick.

Carte postale, FurkArt 1991.
Paul-Armand Gette,
Le début du paysage – Col de la Furka 1991.
Photo Alain Germond.
© Paul-Armand Gette / Alain Germond / Institut Furkablick.

Carte postale, FurkArt 1991.
Jenny Holzer, *Truism 1991*.
Photo Claude Joray.
© Jenny Holzer / Claude Joray / Institut Furkablick.

Carte postale, FurkArt 1991(2).
Jenny Holzer, *Truism 1991*.
Photo Claude Joray.
© Jenny Holzer / Claude Joray / Institut Furkablick.

Carte postale, FurkArt 1991.
Kim Jones, *Lover's Leap (little mountain) 1991*.
Photo Reto Oechslin.
© Kim Jones / Reto Oechslin / Institut Furkablick.

Set de table, FurkArt 1991.
Jenny Holzer.
© Jenny Holzer / Institut Furkablick.

Carte postale, FurkArt 1991.
René Zäch, *Modell I 1991*.
Photo René Zäch.
© René Zäch / Institut Furkablick.

Carte postale, FurkArt 1991.
Dorothee von Windheim,
Furkapass-Aktion 1991,
„Ich zertrete eine blaue Blume..."
Photo Dorothee von Windheim.
© Dorothee von Windheim / Institut Furkablick.